《说文·水部》与《汉书·地理志》异文研究

马雅琦　著

吉林大学出版社

·长春·

图书在版编目（CIP）数据

《说文·水部》与《汉书·地理志》异文研究 / 马雅琦著 . — 长春：吉林大学出版社 , 2023.3

ISBN 978-7-5768-1497-2

Ⅰ . ①说… Ⅱ . ①马… Ⅲ . ①汉字 – 古文字 – 研究②《说文》– 研究③《汉书》– 研究 Ⅳ . ① H121 ② H161 ③ K234.104.2

中国国家版本馆 CIP 数据核字 (2023) 第 046834 号

《说文·水部》与《汉书·地理志》异文研究
《SHUOWEN·SHUIBU》YU《HANSHU·DILI ZHI》YIWEN YANJIU

作　　者	马雅琦
策划编辑	邵宇彤
责任编辑	蔡玉奎
责任校对	田　娜
装帧设计	阅平方
出版发行	吉林大学出版社
社　　址	长春市人民大街 4059 号
邮政编码	130021
发行电话	0431–89580028/29/21
网　　址	http://www.jlup.com.cn
电子邮箱	jdcbs@jlu.edu.cn
印　　刷	定州启航印刷有限公司
开　　本	710mm×1000mm　1/16
印　　张	11.5
字　　数	205 千字
版　　次	2023 年 3 月第 1 版
印　　次	2023 年 5 月第 1 次
书　　号	ISBN 978-7-5768-1497-2
定　　价	74.50 元

前 言

　　许慎的《说文解字》与班固的《汉书》均是古代具有重大影响力的著作，一直以来都是研究的热点，《说文解字》（以下简称《说文》）是一本字书，从学术地位而言，它总结并梳理了先秦、两汉的汉字学成果，是研究各类出土古文字及传统文字学、音韵学、训诂学不可或缺的要籍，也是方言学、古文献学以及文史哲各学科重要的参考书籍。王鸣盛在《说文解字正义·序》中说："《说文》为天下第一种书，读遍天下书，不读《说文》，犹不读也。"《汉书》是中国第一部纪传体断代史，它以十志为主干展开多种专史的撰述，为古代学术开辟了一些新的领域。

　　笔者从微观角度，以"水名"为专题，将两部旷世著作系联起来，发现《说文·水部》与《汉书·地理志》共同记录了很多水名。二者有众多可比较之处，首先，它们均为东汉著作，语言面貌十分相似；其次，它们均采用汉平帝元始二年（公元 2 年）的建制叙述汉代以前的河流；再次，许慎与班固都不是专门的地理学家，他们未对河流进行实地考察，对河流的叙述都来自前代文献，因此，河流状态、材料来源具有很大的一致性。据统计，《说文·水部》与《汉书·地理志》共同收录的河流达一百条，然而这些共同收录的河流中却存在大量的异文，这些宝贵的异文材料，是我们研究汉代语言不可多得的语料。

　　本书以《说文·水部》与《汉书·地理志》共同收录的河流为研究对象，从语言学研究的角度对异文及异文产生原因进行全面考察。根据研究语料的特殊性，笔者运用关键信息检索法、对照比较法找出《说文·水部》与《汉书·地理志》中的异文，从语言学、文献学、历史地理学角度对异文进行分类，并探析异文产生的原因。《说文·水部》与《汉书·地理志》异文形式十分多样，具体表现在字、词、句三个层面：在字用层面上，《说文·水部》与《汉书·地理志》存在大量古今字异文、通假字异文及异体字异文；在词用层面上，《说文·水部》与《汉书·地理志》存在大量的同义词异文、地名词异文和方位词异文；在句用层面上，《说文·水部》与《汉书·地理志》存在大

1

量体例不同造成的异文、句式不同造成的异文及句义不同造成的异文，笔者从文字学、词汇学、语法学三个层面对异文进行研究，并对每种类型的异文进行具体释证。《说文·水部》与《汉书·地理志》异文产生的原因是多方面的，主要表现在五个方面：所引材料不同；说解体例不同；脱文、衍文、倒文；泛指与特指；字似或误。

《说文·水部》与《汉书·地理志》研究具有重要的说文学价值、地理历史学价值及辞书编纂的价值，异文研究既可以对《说文》本体进行校勘，还可以纠正《说文》各大家在注释、校勘《说文》上的讹误；异文可以帮助我们了解东汉的地理面貌，同时还可以补正《汉语大字典》《汉语大词典》《中国历史地名大辞典》《中国历史地理地图集》在体例以及地名记载上的不足。

马雅琦

2022 年 10 月 10 日于山东师范大学

目　录

绪　论 ………………………………………………………………… 1

 第一节　《水部》《地理志》异文简述 ……………………………… 2

 第二节　《水部》《地理志》异文原因分析 ………………………… 8

 第三节　《水部》《地理志》异文研究方法 ……………………… 15

 第四节　《水部》《地理志》异文研究现状 ……………………… 18

第一章　从字的层面看《水部》与《地理志》异文 …………… 25

 第一节　古今字异文 ……………………………………………… 25

 第二节　通假字异文 ……………………………………………… 31

 第三节　异体字异文 ……………………………………………… 37

第二章　从词的层面看《水部》与《地理志》异文 …………… 55

 第一节　同义词异文 ……………………………………………… 55

 第二节　地名词异文 ……………………………………………… 59

 第三节　方位词异文 ……………………………………………… 77

第三章　从句的层面看《水部》与《地理志》异文 …………… 83

 第一节　体例不同形成的异文 …………………………………… 83

 第二节　句式不同形成的异文 …………………………………… 86

 第三节　句义不同形成的异文 …………………………………… 95

第四章　《水部》与《地理志》异文研究的价值 ·············· 99

　　第一节　说文学价值 ···································· 99
　　第二节　历史地理学价值 ···························· 108
　　第三节　辞书编纂价值 ······························ 122

结　语 ·· 133

参考文献 ··· 135

附　录 ··· 145

绪　论

许慎（约公元 58 年—约公元 147 年）的《说文》是我国文字学的奠基之作，其最大的贡献在于开创了用 540 个部首编排汉字的体例。按各个门类，《说文》把相同部首的字收录在一起，因此，每个部首都是一个独立的系统。《说文》共收字 9 353 个，这 9 353 个字分别归在 540 个部首之中。其中，《水部》在《说文》卷十一，共收字 486 个，是《说文》收字最多的部首。《水部》中水名专用字约 160 个，记载了先秦两汉重要河流的源头及流入河流。《说文》开创了字书说解地名的一种范例，使散居之地名第一次以"分部别居，不相杂厕"的体例汇集起来，是中国地名文字学之源①。据统计，《水部》共载地名约 400 个，其中邑名约 180 个，山名约 50 个，水名约 160 个。班固（32—92）的《汉书》是我国第一部纪传体断代史，它包括纪十二篇，表八篇，志十篇，传七十篇，共一百篇。其中《地理志》由三部分组成，卷首收录了我国古代地理名著《尚书·禹贡》和《周礼·职分》二篇；卷末辑录了刘向的《域分》和朱赣的《风俗》；中间主体部分是班固的创作。《地理志》根据汉平帝元始二年（公元 2 年）的建制，以郡为纲，以县为目，详述西汉地理概况，其中记载了近 300 条河流的源头、流向、归宿和长度，是《水经注》出现以前内容最丰富的水文地理著作。②《水部》与《地理志》作为两本书中与地理相关的部分，有众多可比较之处，也存在众多有研究价值的异文。对此，清代考据学家早已注意到这种现象，他们对个别异文进行了考释，然而未有对其进行系统整理和研究的文章。笔者从地理学的角度找出异文对应点，从文字学的角度探讨异文产生的原因，不同时代的异文对比可以看语言的发展，而相同或近似时代的比较则可以据正确以订讹误，据改易以正史实，据差异以较优劣。这也正是文章研究目的之所在。

本章主要探讨四个问题：第一，《水部》《地理志》异文简述；第二，《水部》《地理志》异文原因分析；第三，《水部》《地理志》异文研究方法；第四，《水部》《地理志》异文研究现状。

---

① 严军.中国地名文字学的开创性著作——评《说文解字》的地名研究成就 [J].杭州师范学院学报，2002（6）：112-115.

② 周振鹤.汉书地理志汇释 [M].合肥：安徽教育出版社，2006: 2.

第一节 《水部》《地理志》异文简述

《说文·水部》与《汉书·地理志》均为东汉作品，二者有众多可比较之处，下面从选题理由、版本情况、异文的定义与判定三个方面进行说明。

一、选题理由

《说文·水部》共收字486个，重文22个，新附字23个，是《说文》中收字最多的部首，由于收字数量较多，这为本书研究提供了充足的语料。《说文·水部》字可分为五类，分别为：①水名专用字，如"潼""涪""沱""洛""汉""淹"等字，它们均为水流的名称。②表水流性质与状态的字，用来描述水流的大小、多少、深浅、清浊、寒暖，水速的疾缓等，如"溥""潦""滔"表示水大，"混""滂"表示水流充沛，"泳"表示水满，"满""滋""潚"表示水满溢出，"浐"表示水暂时溢出，"减""洞"表示疾流，"瀹""汋"表示水疾流的声音，"湍"表示水流疾速的样子等。③表水流方式与路径的字。如"濆"表示地下流的水，"淀""渊"表示旋流，"派"表示水的分支，"沱"表示江水的分支，"汜"表示水分流后又注入水，"潭"表示小水入大水等。④体现"人"介入的字，包括人体产生的水，如"洟""潽"表示鼻液，"泣""涕"表示泪水，"滋"表示腹中有水气。除此之外，这种类型还包括人参与水的活动，如"泳""潜"表示人在水中或水上浮行，"泭"表示编木渡河，"溯"表示无舟渡河，都为渡水的方式。"沐"表示洗头，"瀚"表示洗涤衣服上的污垢，都表示人利用水所进行的日常活动。⑤以"水"为参照表示地理方位的字，如"渍""涘""汻""沉""滑""浦"表示水边。"澳""瀿"表示水边的陆地等。《地理志》则以郡为纲，以县为目，详述西汉地理概况，依次叙述了103个郡国及所辖的1 587个县邑道国的建置沿革、户口统计、山川泽薮，以及物产、工矿、垦地等内容。其中二者可比较之处在于都记录了大量的河流。据统计，《说文·水部》共收录水名专用字约160个，《汉书·地理志》共记载河流约300条。

《说文·水部》与《汉书·地理志》有众多相似之处。第一，许慎的《说文》与班固的《汉书》，一为字书，一为史书，两书均是古代具有重大影响力的著作。其中，《说文·水部》与《汉书·地理志》两部分均可作为独立的篇章，记录了大量的水名。据统计，二者共同记录的河流约 100 条。第二，《说文》与《汉书》都是东汉著作，《说文》成书于汉和帝永元十二年（100）到安帝建光元年（121），《汉书》成书于汉章帝建初时期（80），它们的语言面貌十分相近。且二者都采用汉平帝元始二年（2）的疆域政区的建制来叙述河流。第三，《说文》与《汉书》的作者都不是专门的地理学家，他们未对河流状况做实际的考察，对河流的记载主要来源于前代文献，如《尚书·禹贡》《尔雅·释水》等，作为材料整理型作品，它们的材料来源十分相近。第四，《说文·水部》与《汉书·地理志》在说解河流时体例不同，《说文·水部》是工具书，其目的在于释字，它对于河流的叙述不如《汉书·地理志》详细，但二者在记录水名、流出地、流向、流入地等关键信息方面是大致相同的。

　　《说文·水部》与《汉书·地理志》在描述河流时存在大量的异文，且异文形式多样，从地理学的角度看，异文包括山名、水名、邑名、谷名、方向异文，从文字学的角度看，异文可分为字、词、句三个层面，包括古今字、通假字、异体字、同义词、地名词、方位词、体例不同、句式不同、句义不同等多种类型。因此，研究二者异文具有重要的意义。

二、版本情况

　　要进行异文研究，首先要对《说文》与《汉书》的版本进行梳理，要尽可能地选择贴近原貌的版本作为研究对象，《说文》自东汉以来，习行不废，因当时是以写本流传的，故自唐代起，该书已失去原貌，后代学者或还原许书原貌，或对许书进行注解，导致《说文》版本众多。《说文》现存最早的版本是唐写本《木部》残卷和《口部》残片，前者存一百八十八字，后者仅存十二字。虽存字不多，但所据皆为当时传本中之善本。南唐时，徐锴取《说文》原本，附以注释，撰《说文解字系传》（简称《系传》），俗称"小徐本"。小徐本在宋代已不见完帙，今天的传本，学界认定是出自宋代苏颂所传。然而苏颂所传本已缺卷二十五，后人则依"大徐本"补足。而现今较流行的刻本，有清乾隆年间马俊良编的《龙威秘书》本和清道光年间祁寯藻所刻本（简称"祁本"），因祁本校订最善，并附有校勘记三卷，遂被收入《四部备要》等丛书中，1987 年由北京中华书局影印出版。

　　《说文》另外一个重要传本就是宋代徐铉等校订的大徐本。现今流传于世的大徐本有明末刻书家及藏书家毛晋（1599—1659）以其"汲古阁"的名义，据宋刻本翻刻的本子。这个原本现存于日本东京静嘉堂文库中。依毛本重刻的有乾隆三十八年（1773）大兴朱筠刻本和光绪七年（1881）淮南书局刻本等。

因毛氏屡次据小徐本窜改，导致讹误越来越多。到清代，依宋本重新刊刻的有三家，一为孙星衍重刊宋本，即《平津馆丛书》本，序曰："今刊宋本，依其旧式，即有讹字，不敢妄改，庶存阙疑之意。"孙本既保留了宋本原貌，又讹误较少，世称善本。此后刊印《说文》多依据此本。二为藤花榭本，此书讹误也较少，与孙本不相上下。三为丁少山校刊汲古阁旧藏的宋监本，此书是经丁氏校改之本，部分修改处颇为精审。[①]

直至清代中叶的乾嘉时期，《说文》的研究达到鼎盛时期，出现了"说文四大家"——段玉裁、桂馥、王筠、朱骏声，他们以"大小徐"本《说文》为依据进行注解，流传于世的有段玉裁《说文解字注》(简称《段注》)，桂馥《说文解字义证》(简称《义证》)，王筠《说文句读》(简称《句读》)，朱骏声《说文通训定声》(简称《定声》)，这些都是研究《说文》的重要参考材料。笔者以 1963 中华书局影印陈昌治刻本（据孙星衍覆刻大徐宋本）为底本，并与段注本、小徐本等版本进行校勘说明。

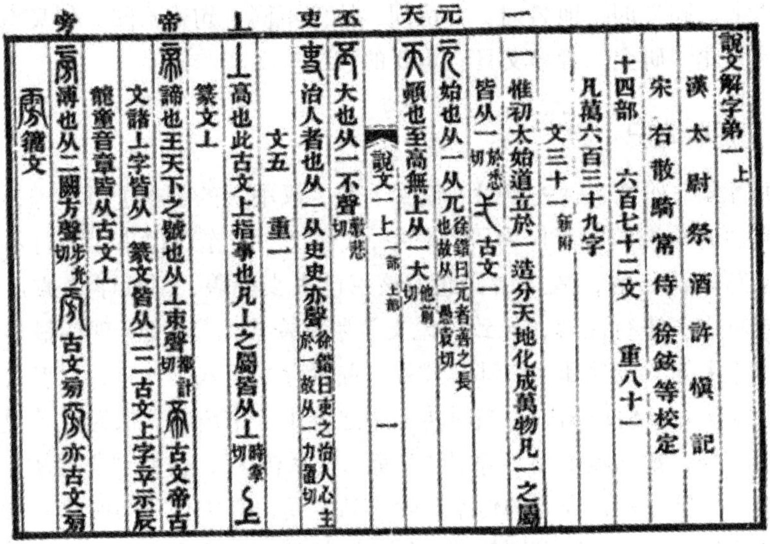
說文解字弟一上
漢太尉祭酒許慎記
宋右散騎常侍徐鉉等校定
十四部　六百七十二文　重八十一
凡萬六百三十九字
文三十一新附
一　惟初太始道立於一造分天地化成萬物凡一之屬
皆从一於悉切　弌　古文一
元　始也从一从兀徐鍇曰元者善之長也故从一愚袁切
天　顛也至高無上从一大他前切
說文一上　一
丕　大也从一不聲敷悲切
吏　治人者也从一从史史亦聲徐鍇曰吏之治人心主於一故从一力置切
文五　重一
丄　高也此古文上指事也凡丄之屬皆从丄時掌切　上
篆文丄
帝　諦也王天下之號也从丄朿聲都計切　帝　古文帝古
文諸丄字皆从一篆文皆从二二古文上字辛示辰
龍童音章皆从古文上
旁　溥也从二闕方聲步光切　古文旁　亦古文旁
籀文

图 1　1963 中华书局影印陈昌治刻本《说文》

《汉书》是东汉班固著作，它自产生之始直至唐代，都是以写本形式流传的，在自然传抄过程中，势必会造成文本的差异。其传世本以敦煌抄本残卷为最多，皆无完帙。到宋代，雕版印刷术日趋成熟，这为《汉书》多种刻本的出

① 《说文》的版本情况参照了苏铁戈.《说文解字》的版本与注本 [J]. 古籍整理研究学刊，1997（4）: 43–45. 王贵元.《说文解字》版本考述 [J]. 古籍整理研究学刊，1999（6）: 41–43.

现和流传奠定了基础。现存最早的传世本子是北宋时期的，这一时期的众多版本中影响最大的是淳化五年（994）刻印的"淳化本"，在此基础上，北宋真宗咸平年间，真宗命刁衎、晁迥、丁逊等重新校定淳化本《汉书》，于景德二年（1005）完成，世称"景德监本"。随后于景佑年间又出现了"景佑本"，"景佑本"是现存最早的《汉书》刻本，此版保存了北宋版刻《汉书》的原貌，虽已失散部分内容，但仍具有较高的价值，可谓善本中的精品，商务印书馆百衲本《汉书》便是以"景佑本"为底本刊刻而成。此外，宋祁在"淳化本""景德监本"及"景佑本"基础上，又参考前代善本共计十五家，对《汉书》重新做了校定，宋祁校本力图恢复《汉书》所用古字，具有一定的价值。

　　至明代，《汉书》官刻、私刻已十分发达，出现了很多专门的印书机构。此时较为通行的为毛氏汲古阁刻本和南监本，《十七史商榷·汉书叙例》评汲古阁本曰："今人家《汉书》，多常熟毛氏汲古阁刻本，字密行多，卷帙缩减，诚简便可喜，予亦用之。但前明南监本有颜师古叙例，此削去不存则来历不明。"①

　　清代重视考据之学，促进了《汉书》研究的发展，其中一些研究成果吸纳到《汉书》版本中，这一时期的《汉书》版本主要有清乾隆四年（1739）的武英殿本（简称"殿本"），清同治八年（1869）的金陵书局本（简称"局本"）等，新中国成立后出现了中华书局校点本，它以清乾隆武英殿本为底本，以百衲本（即宋"景佑本"）校殿本，择善而从。现使用最多、流传最广、影响最大的为1962年整理出版的中华书局新校点本，它征收王先谦《汉书补注》所引诸家旧说，以《汉书补注》为底本，并参校了北宋景佑本、明末毛氏汲古阁本、清乾隆武英殿本及同治金陵书局本，被誉为集以前《汉书》各本之大成，是目前最常用最权威的本子，本书采用这一版本。

---

　　①　《汉书》的版本情况参照了孙显斌.写刻之间：《汉书》文本面貌之嬗变浅议 [J]. 济南大学学报，2013（5）：27-30. 倪小勇.《汉书》版本史考述 [J] 西北大学学报（哲学社会科学版），2013（1）：142-146.

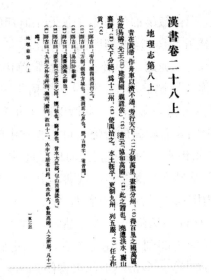

图2　1962年中华书局新校点本《汉书》

三、异文的定义与判定

异文有广义和狭义之分，黄沛荣在《古籍异文析论》中指出："由于客观事实的需要以及部分学者使用的习惯，所谓'异文'，似应分为广狭两义。狭义的'异文'仅限于个别的、相对应的异字；广义的'异文'则指：古书在不同版本、注本或在其他典籍中被引述时，同一段落或文句中所存在的字句之异，此外并包括相关著作中（关系书）对于相同的人、事、物作叙述时所产生的异辞（如伏羲与庖牺之类）。"①这一概念的论述是目前大多数学者普遍接受并使用的，如王彦坤（1993）："凡同一书的不同版本，或不同的书记载同一事物，字句相异，包括通假字和异体字都叫异文。"苏杰（2006）："异文是指同一书的不同版本之间，某书的某章节、某句与他处所引该章节、该句之间，在本应相同的字句上出现的文字差异，包括异体字、通假字、古今字。"

概言之，狭义的异文是文字学术语，即异体字与通假字的统称，而广义的异文是校勘学术语，凡一本书的不同版本，或不同的书记载同一事物而字句互异，包括通假字和异体字，都称异文。考虑到《说文·水部》与《汉书·地理志》异文的复杂性，笔者采用广义的异文概念，意在囊括《说文·水部》与《汉书·地理志》异文所有的差异情况，认为：古书中凡在叙述、描写同一事件或事物时出现的不同的字、词、句都可称为异文。

---

① 黄沛荣.古籍异文析论 [J].汉学研究，1991（2）：395–414.

　　Tanselle（1989）在《校勘原理》抛出一个问题："在同一文本的概念下究竟能容纳多少异文？也就是说，异到什么程度，我们将不再认同？"笔者从异文的定义入手，认为要妥善看待异文"同"与"异"的关系问题：第一，"同一事件或事物"是异文之间相互联系的共同基础，只有在这个基础上，异文才能够相互凝聚、相互联系，从而具有相同的特点，能够进行相互比较、相互诠释、相互勘误；第二，可对应的文本之间一定要存在差异，异文研究是同中求异的过程，"同"是可相互比较的前提，"异"才是研究的关键。差异不限于字词层面，句子及句段未尝不是异文研究的范畴，句子由字词组成，以"字、词、句"这种分类方式可能会有一些交叉，但句子层面的异文我们不能不提，因为用不同的表述方式描述"同一事件或事物"所形成的异文也同样值得我们研究。

　　朱承平（2005）《异文类语料的鉴别与应用》将异文分为版本异文、引用异文、两书异文及名称异文四类，对于两书异文，他指出研究者有必要对两文材料作认真审查，辨识存在于它们之间似异而同或似同而异的种种联系，以保证异文文献语言考释的顺利进行。这便涉及一个异文判定的问题。由于研究的是河流异文，研究语料具有特殊性，因此在确定异文时，一定要确立明确的标准。就本课题而言，"同一事件或事物"指的是"同一水流"，其中包括两种情况，一为指"同一条河流"，它们水名可能相同，也可能不同。一为指"水名相同"，它们可能为同一条河流，也可能不同。如：

　　a1《说文·水部》："洛，水。出左冯翊归德北夷界中，东南入渭。"

　　a2《汉书·地理志》："（左冯翊褱德）《禹贡》北条荆山在南，下有强梁原。洛水东南入渭，雍州寖，莽曰德驩。"

　　b1《说文·水部》："汳，水。受陈留浚仪阴沟，至蒙为雝水，东入于泗。"

　　b2《汉书·地理志》："（梁国蒙）获水首受甾获渠，东北至彭城入泗，过郡五，行五百五十里。"

　　上述例句a1、a2同是洛水，记载的是同一条水流，可相互比勘，b1、b2表面上看起来并不存在异文对应关系，但是从地理学角度看，"雝水"即"获水"，二者记载的是同一条河流，因此也应该是笔者研究的范畴。

　　c1《说文·水部》："漆，水。出右扶风杜陵岐山，东入渭，一曰入洛。"

　　c2《汉书·地理志》："（右扶风漆）水在县西，有铁官。莽曰漆治。"

　　上述例句c1、c2虽然都叫漆水，但指的不是一条水流，这种情况一般是由于引用材料来源不同造成的，这种情况也要当作异文处理，从地理学角度研究其关系。

第二节 《水部》《地理志》异文原因分析

《说文·水部》与《汉书·地理志》记载了大量的水名，它们是我们阅读古书、了解古代地理很好的参考数据，而异文的存在则削弱了它们在这一方面的功能，特别是一些关键信息，对其处理不慎甚至会干扰我们对古代地理的理解。异文产生的原因是有规律可循的，主要表现在以下几个方面：

一、所引材料不同

《说文·水部》与《汉书·地理志》均为东汉著作，二书的作者都是博览群书的大家，在搜集水名材料时，他们参看的著作主要为先秦时期的地理历史文献，据杨光华（2006）介绍，春秋战国时期是地理专篇、专著第一次大量涌现的时期。《诗经》几乎有半数的篇章提到许多大小河流、较少的著名山岳以及镐京、岐下、牧野等若干地名，《周礼》《管子》中有关地理知识的记载内容更多，涉及山川、渊薮、城邑、物产、民俗等多方面。今日最早的地理专篇，有《尚书》之《禹贡》，《周礼》之《职方》，《管子》之《度地》《地员》《地数》《地图》，《尔雅》之《释地》《释丘》《释山》《释水》，《淮南子》之《墬形训》等，传世的最早的地理专著是《山海经》《穆天子传》。[①] 这些都有可能是《说文·水部》与《汉书·地理志》引文的重要来源。

因《说文·水部》成书稍后于《汉书·地理志》，许慎甚至还参看并借鉴了《汉书·地理志》的内容，二书作者还善于引经和引用桑钦、杜林等著名学者的说解，从总体看，二者的材料来源是相对一致的。然而也有选用的材料不一致的现象，主要表现在采用不同著作或采用同一著作的不同材料，不同版本。且二者常对不同材料进行有意的整合、筛选，在行文组织上常杂采其说，这必然会在字用、词用、句用上出现一定的差异。以"河水""漾水（养水）"为例，如表1-1所示。

---

① 杨光华. 中国历史地理文献导读 [M]. 重庆：西南师范大学出版社，2006: 1-2.

表1-1 《说文·水部》与《汉书·地理志》的引书来源（以河水、漾水为例）①

水名	《说文·水部》原文	引文	《汉书·地理志》原文	引文
河	河，水。（a）出焞煌塞外昆仑山，（b）发原注海。	a1.《山海经·西山经》："西南四百里，曰昆仑之丘……河水出焉。" a2.《山海经·海内西经》："海内昆仑之墟在西北，河水出其东北陬。" a3.《淮南子·墬形训》："河水出昆仑东北陬，贯渤海，入禹所导积石山。" b.《尔雅·释水》："江、河、淮、济为四渎，四渎者，发原注海者也。"	（a）（金城郡河关）积石山在西南羌中，河水行塞外，东北入塞内，（b）至章武入海，过郡十六，行九千四百里。	a1.《山海经·西山经》："又西三百里，曰积石之山。其下有石门，河水冒以西流。" a2.《尚书·禹贡》："浮于积石，至于龙门、西河，会于渭汭。"孔安国传："积石山在金城西南，河所经也。" b.《尚书·禹贡》："导河积石，至于龙门，……又北，播为九河，同为逆河，入于海。"
漾	（a）漾，水。出陇西相道，东至武都为汉。从水，羕声，古文从养。	a.漾水，《说文·水部》据孔传《尚书》作"漾"。	（陇西郡氐道）《禹贡》（a）养水所出，至武都为汉。莽曰亭道。	a.漾水，《汉书·地理志》据今文《尚书》作"养"。

对于"河水"的记载，《说文·水部》至少参看了《山海经》之《西山经》《海内西经》，《淮南子·墬形训》与《尔雅·释水》，而《汉书·地理志》则参看了《山海经·西山经》和《尚书·禹贡》，二者采用了不同的材料，故其行文不同。"漾水"，《说文·水部》作"漾"，《汉书·地理志》作"养"，前者据孔传《尚书》，后者据今文《尚书》，故用字不同。段玉裁《皇清经解·禹贡第三·虞夏书》："是则壁中故书作'瀁'，孔安国以今文读之，易为'漾'也。……壁中作'瀁'，孔安国作'漾'，今文《尚书》作'养'，此三者之不同也。"即使所引材料相同，辑录者在选取材料时，内容也不一定相同，以"溺水—弱水"为例。

---

① 此处用a、b标志原文跟引文的关系，此处列举的引文，是针对文献进行的推测，许慎与班固当时具体参看了哪些文献，后人不得而知，本书只是进行了最大限度的还原。如果引文出现不只一条，则用a1、a2……表示。

【溺水—弱水】

《说文·水部》:"溺,水。自张掖删丹,西至酒泉合黎,余波入于流沙。从水,弱声,桑钦所说。"

《汉书·地理志》:"(张掖郡删丹)桑钦以为道弱水自此,西至酒泉合黎。莽曰贯虏。"

《说文·水部》与《汉书·地理志》关于该水的记载均来自桑钦之言。然而《说文·水部》有"余波入于流沙",而《汉书·地理志》却没有。"流沙"即居延泽,在张掖郡居延县东北。之所以作"流沙"者,是因为居延泽位置大小无常,随风吹流行。《汉书·地理志》:"(张掖郡居延)居延泽在东北,古文以为流沙。"《水经注·浙江》:"《尚书》所谓流沙者也,形如月生五日也,弱水入流沙,流沙,沙与水流行也。"《元和郡县图志》卷四十"张掖县":"居延海,在县东北一百六十里。即居延泽,古文以为流沙者,风吹流行,故曰流沙。"

《汉书·地理志》记载骊靬得县之"羌谷水"注入居延泽。其原文为"羌谷水出羌中,东北至居延入海,过郡二,行二千一百里,莽曰官式"。羌谷水与弱水发源地不同,据清齐召南《水道提纲》记载,羌谷水发源于甘州(张掖郡)西南边山,在删丹县西,东北流经祁连,北至张掖县合黎山下,与弱水合,随后注入居延泽。自合黎山下二水合流后很难说出下流河段是弱水还是羌谷水,故二者互受通称,云弱水或羌谷水入居延泽均可。显而易见,《汉书·地理志》是将下段视作"羌谷水",因此截取了桑钦的半句话。

二、说解体例不同

《说文·水部》与《汉书·地理志》说解体例不同。前者是字书,旨在释水名专用字。后者为史书,旨在说明历史上的地理情况。《说文·水部》的说解条例为义训,其说解方式主要为:a①,水。出汉地(郡名+县名)+山名,方向+流入水名。《汉书·地理志》水名分居于各郡县之下,其主要说解方式为:山名+方向,a水所出,方向+汉地(县名)+流入水名,过郡数+里程数+莽曰地名。可见,《汉书·地理志》在对河流说解上略详于《说文·水部》。而且二者选用的句式不一样,导致关键信息的叙述顺序不一致,因此我们在判断异文时,要逐一对关键信息进行对应,具体方法详见后文"研究方法"一节。

① 此处 a 为水名。

此外，《说文·水部》还有一些比较特殊的情况，主要表现在三个方面：

第一，《说文·水部》有术语"一曰""或曰""一说"等，这些术语为《说文》兼存二说的体例，它们的存在或者为许慎不能定夺，故兼列两说，或后人传抄增补而成，在《说文·水部》中，凡十二例，对此，我们要重视这种现象，从而对异文进行对应分析。如：

1. 湔，一曰手灕之。2. 沔，或曰入夏水。3. 漆，一曰入洛。4. 渭，或曰出骊山西。5. 汾，或曰出汾阳北山。6. 沾，一曰沾，益也。7. 淇，或曰出隆虑西山。8. 沂，一曰沂水，出泰山盖青州浸。9. 溉，一曰灌注也。10. 淠，一曰出淠水县。11. 濛，或曰治水也。12. 瀱，一说瀱即瀱汋也。

第二，《说文·水部》中还有引经的情况，以补充水部专名的历史或地理资料，如：

1. 汃，《尔雅》曰："西至汃国谓四极。"2. 潧，《诗》曰："潧与洧，方涣涣兮。"3. 洣，《春秋传》曰："公会齐侯于洣。"4. 荷，《禹贡》："浮于淮泗，达于菏。"5. 潍，《夏书》曰："潍、淄其道。"6. 渚，《尔雅》曰："小洲曰渚。"7. 沱，《诗》曰："江有沱。"

第三，《说文·水部》还存在"名人说解"，即学识渊博的学者对水的说解，他们多为地理学家，《说文·水部》凡四例：

1. 溺，水。自张掖删丹，西至酒泉合黎，余波入于流沙。从水，弱声。桑钦所说。2. 渭，杜林说《夏书》以为出鸟鼠山，雝州浸也。3. 汶，桑钦说："汶水出泰山莱芜，西南入沸。"4. 湿，桑钦云："出平原高唐。"

三、脱文、衍文、倒文

《说文·水部》与《汉书·地理志》有很多因为传抄过程中文字的"脱""衍""倒"而形成的异文，"脱"指原文中少了字句，"衍"指原文中多了字句，"倒"指文献中词语的次序发生了颠倒。如：

【沾山—沾】

《说文·水部》："清漳出沾山大要谷，北入河。"

《汉书·地理志》："（上党郡沾）大黾谷，清漳水所出，东北至邑成入大河，过郡五，行千六百八十里，冀州川。"

按：《说文·水部》"沾"下"山"上有脱文。《山海经·北山经》："又东北百二十里，曰少山。"郭璞注："今在乐平郡沾县。沾县，故属上党。"毕沅校："山在今山西乐平县，《水经》云：'清漳水出上党沾县西北少山大要谷。'……《元和郡县志》云：'乐平县少山，一名河逢山，在县西南三十里，清漳水出焉。'"可见《说文·水部》在"沾"与"山"中间当补"县少"或"少"字。后来"少山"又被称作"沾山"。如雍正《山西通志》卷二十五"乐平县":"少山,在县西南二十五里,一名揭戾山,一名何逢山,又名沾山。"王铭等(1994)指出:"沾岭——古名揭戾山、鹿谷山、少山;今又称沾山、沾岭山。"①

【东垣—垣】

《说文·水部》:"沇,水。出河东东垣王屋山,东为沛。"

《汉书·地理志》:"(河东郡临汾)垣,《禹贡》王屋山在东北,沇水所出,东南至武德入河,轶出荥阳北地中,又东至琅槐入海,过郡九,行千八百四十里。"

按:"东垣"当作"垣",此地战国为魏垣邑,或曰王垣。西汉置垣县,东汉、魏、晋因之。《史记·秦本纪》:"十五年,大良造白起攻魏,取垣,复与之。"垣县因靠近垣城而得名。《元和郡县图志》"陕州垣县":"本汉县,属河东郡。"又"垣城,在县西二十里。"宋乐史《太平寰宇记》"绛州垣县":"西魏大统三年置邵州移于今所,隋大业三年废邵州置垣县,以其地近故垣城,因以名县。"

"东垣",历来对其理解不同,一说"东垣"为"垣东"倒文,一说"东"字为衍文。理解均不误。段注本作:"沇,水。出河东垣东王屋山,东为沛。"段玉裁注云:"各本作河东东垣,误倒一字。今依《水经》正。"《说文·水部》"沇"下钮树玉校录:"钱宫詹曰:'《汉志》垣县属河东郡,此衍东字。'"

【干山—阳干山】

《说文·水部》:"颍,水。出颍川阳城干山,东入淮。从水,顷声。豫州浸。"

《汉书·地理志》:"(颍川郡阳城)阳干山,颍水所出,东至下蔡入淮,过郡三,行千五百里,荆州寖。有铁官。"

按:《说文·水部》"干"上脱"阳"字。《水经注·颍水》:"《山海经》曰:'颍水出少室山。'《地理志》曰:'出阳城县阳干山。'"杨守敬疏:"《说文》及杜氏《释例》《山海经》郭注作'出干山',脱'阳'字,《寰宇记》引《说文》,《左传·宣十年正义》引《释例》,并有阳字,则郭注亦当本有阳字。"

【扶风—右扶风】

《说文·水部》:"汧,水。出扶风汧县西北,入渭。"

---

① 王铭,孙元巩,仝立功. 山西山河志 [M]. 太原:山西科学技术出版社,2006: 44.

《汉书·地理志》："（右扶风汧）汧水出西北，入渭。"

按：《说文·水部》"扶风"上脱"右"字，"右扶风"是汉代关中西部政区名称，与郡相当。汉武帝太初元年（前104）把右内史的西部改为右扶风。辖长安以西地区，治长安夕阴街北，扶风，扶持风化之意。东汉仍置右扶风，曹魏以后改名扶风郡，唐代改名凤翔府。①《说文·水部》起源于右扶风的三条水流——汧水、涝水、漆水，"漆水"下写作"右扶风"，"汧水""涝水"下写作"扶风"，应据《汉书·地理志》改作"右扶风"。

【临乐山—临乐子山】

《说文·水部》："洙，水。出泰山盖临乐山，北入泗。"

《汉书·地理志》："（泰山郡盖）临乐子山，洙水所出，西北至盖入池水。"

按：《汉书·地理志》"临乐子山"，"子"为衍文。很多学者都指出过这个问题，如王鸣盛《十七史商榷》卷十九："《水经》二十五卷作临乐山、郦注引此志同。本卷《沂水篇》注及《尚书疏》所引并同，然则作'于'、作'子'皆衍字也。"王念孙《读书杂志·汉书第六》："临乐子山，子字涉上注肥子国而衍（自景佑本以下皆作子，毛本又讹作于）。临乐山在今沂州府蒙阴县东北。"

四、泛指与特指

《说文·水部》与《汉书·地理志》都是材料整理型作品，它们在转述前代地理文献时，都有目地地对文献材料进行了加工，筛选与体例相符的有用信息，剔除无用信息。对于一些地理名词，它们在遵从地理史实的基础上，对部分字词进行了同义替换，这势必会产生异文。在同义替换时，有一种特别关键的类型是"泛指"与"特指"的相互转换。"泛指"指的是对事物比较笼统的说法，"特指"指的是对事物比较准确的说法，二者都是对事物的描述，然而前者的概念更加宽泛一些，后者的说法更加具体一些。如：

【北界—五妇山】

《说文·水部》："潼，水。出广汉梓潼北界，南入垫江。"

《汉书·地理志》："（广汉郡梓潼）五妇山，驰水所出，南入涪，行五百五十里。"

按：五妇山在梓潼县东北，《汉书·地理志》叙述较为详细，为特指。《说文·水部》叙述较为笼统，为泛指。《说文·水部》"潼"下段注："五妇山即

---

① 袁明仁.三秦历史文化辞典[M].西安：陕西人民教育出版社，1992：77.

今四川保宁府剑州州西北五十里之五子山，今剑州及绵州之梓潼县，盖汉梓潼地，潼水出五子山之西大山东南，流经今梓潼县，……"可见"五妇山"与"北界"为特指与泛指之别。

【淮水—决水】

《说文·水部》："灌，水。出庐江雩娄，北入淮。"

《汉书·地理志》："（庐江郡雩娄）又有灌水，亦北至蓼入决，过郡二，行五百一十里。"

《说文·水部》记载"灌水"注入"淮水"，而《汉书·地理志》记载"灌水"注入"决水"。"淮水"与"决水"为远流与近流的区别，"决水"也会注入"淮水"，如《汉书·地理志》："（庐江郡雩娄）决水北至蓼入淮。"当多条河流在"蓼县"附近汇集，汇集之后很难说清楚哪条是哪条，我们可以说"灌水"入"决水"，这是近流，也可以说"灌水"入"淮水"，这是远流。

五、同物异称

《说文·水部》与《汉书·地理志》异文大多为水名异文，关于同一条水流的不同记载，然而，在具体的文字叙述中还存在水名、山名、地名等，同一水名、山名、地名在共时层面可能有不同的称呼，这种现象称作同物异称。由于同物异称，也会形成异文，如：

【河—大河】

《说文·水部》："清漳出沾山大要谷，北入河。"

《汉书·地理志》："（上党郡沾）大黾谷，清漳水所出，东北至邑成入大河，过郡五，行千六百八十里，冀州川。"

按：《说文·水部》清漳水入"河"，《汉书·地理志》作入"大河"，在古代汉语中，"河"与"大河"均指黄河，所说均不误，如《楚辞·九章·悲回风》："望大河之洲渚兮，悲申徒之抗迹。"《尚书·禹贡》："岛夷皮服，夹右碣石入于河。"《说文·水部》均用"河"，《汉书·地理志》则"河"与"大河"并用。有时称之为"河"，有时称之为"大河"。

六、字似或误

《说文·水部》与《汉书·地理志》异文中常有因字似或误而产生的异文，汉字有"形""音""义"三个要素，故二者异文主要表现为三个方面：形体相近而误；读音相同或相近而误；意义相同或相近而误。因汉代文献主要是以写本形式流传的，因此人们在传抄过程中常会出现这样或那样的讹误，在字形方面，或简省笔画，或讹为他字，或更换偏旁，产生的异文俗字在经典里面屡见不鲜。加之古今字体不同，各个时代用字风尚各异，在各个朝代传抄过程中难免会出现一些错讹现象。如《说文·水部》"大要谷"，《汉书·地理志》作"大龟谷"。《说文·水部》"潍水"，《汉书·地理志》作"维水"或"淮水"。《说文·水部》"牧靡"，《汉书·地理志》作"收靡"。《说文·水部》"溺水"，《汉书·地理志》作"弱水"。《说文·水部》"洛水"，《汉书·地理志》作"雒水"等。在读音方面，因传抄的群体比较庞杂，他们的文化程度各异，其中不乏以抄书谋生的写手，而他们的抄写习惯、态度均不相同，因此，常有以较简的同音字替换较繁的汉字的情况。如《说文·水部》"高城县"，《汉书·地理志》作"高成县"，《说文·水部》"浪汤渠"，《汉书·地理志》作"狼汤渠"，除此之外，在历史文献中"浪汤"又写作"㴘荡""㴘蕩""茛荡""茛宕"等。《说文·水部》"呼沱"，《汉书·地理志》作"虖池"。在意义方面，意义相近的词语常相互代替，如《说文·水部》"驰水"，《汉书·地理志》作"潼水"，《说文·水部》"泠水"，《汉书·地理志》作"清水"等。

第三节　《水部》《地理志》异文研究方法

《说文·水部》与《汉书·地理志》异文研究与其他异文研究不同，其研究对象为河流中的异文。由于《说文·水部》与《汉书·地理志》河流出现的顺序不一致，且河流情况并不统一，既有二者共同收录的河流，亦有各自收录的河流，同时，《汉书·地理志》的河流杂居于各郡县之下，需要逐一查找，且河流的水名还存在着古今字、异体字以及同义替换等复杂的情况，这给寻找相同河流造成一定的障碍。《说文·水部》与《汉书·地理志》异文涉及历史地理领域，具体表现为山名、水名、地名、谷名等关键信息。由于《说文·水部》与《汉书·地理志》是按照特定的体例编排的，异文的分布是有规律可循的，因此，不仅需要采用行之有效的研究方法进行异文研究，还应该站在"史"的角度进行科学研究，善于把它们与其他著作进行比较，从而对异文产生的原因有一个更为清晰的理解。《说文·水部》与《汉书·地理志》异文研究主要采用以下三个方法：

1. 关键信息检索法

《说文·水部》与《汉书·地理志》不是按照同一顺序依次排列的河流，且水名中存在大量的异名同实现象，因此寻找异文是比较困难的。明确判断异文的方法，以做到全面、高效地寻找异文显得尤为重要。笔者在仔细阅读二书的基础上采用了关键信息检索法，在具体判断时，以句义相同为第一准则，以水名相同为第二准则，句义相同指对河流情况的叙述相同或相近。

《说文·水部》与《汉书·地理志》在说解河流时体例不同，《说文》是一部字书，它以各个水名专用字为纲，具体解释统在各个水名专用字之下，《汉书·地理志》以郡为纲，下一级单位为县，各个县下分布着河流。在筛选两书异文时，我们运用的是关键信息检索法。并通过四个步骤确定《说文·水部》与《汉书·地理志》的异文。

（1）仔细阅读《说文》中的水部字。以《说文·水部》的水名专用字为基点，划出关键信息：郡、县。通过郡县名称逐一与《汉书·地理志》进行对应，于各郡县下寻找是否有与《说文·水部》相同的河流，以此原则确定的河流数目为78例。

（2）仔细阅读《汉书·地理志》，《汉书·地理志》开头部分引的是《尚书·禹贡》，划出里面的水名，把划出的水名逐一与《说文·水部》的字目进行对应，除步骤1确定的河流外，以此原则确立的有8例。

（3）在《汉书·地理志》各郡县下圈画出水名，分别与《说文·水部》字目进行比对，除上述二步骤确定的河流外，以此原则确立的有11例。

（4）前三个步骤可找出97例二书相同的水名，《说文·水部》共158个水名专用字，除已确定的97例外，还剩61个，把它们分别列出。把《汉书·地理志》的水名也全部列出，然后把它们和《说文·水部》61个水名专用字进行对应。对应时要注意三个问题：①是否形体相近；②是否读音相同或相近；③是否意义相近。找出的水名不能确定它们是否为同一条河流时，还要通过"句义相同"原则以及其他相关材料进行印证。以此原则确立的有3例。分别为：汳—卞水；沭—术水；濆—资水。

以上四个步骤根据关键词，逐一对两本书进行比对，这四个步骤相当于把两部书翻看了三遍，既可以便捷地寻找异文，又可做到全面，无疏漏。其中，步骤1以郡县信息为关键词，二者相互比对，因《汉书·地理志》的水名主要集中于开头部分和主体部分（有郡县分布的部分），故步骤2是对步骤1的补充，主要是确定开头部分的河流。步骤3亦是对步骤1的补充，寻找《说文·水部》中无郡县信息的河流。步骤4是对前三步的补充，寻找同物异称的河流。

2. 对照比较法

《汉书·地理志》与《说文·水部》说解体例不同，笔者选取了二书说解体例中信息最全的模式，找出它们的对应点，从而确定异文出现的位置。

《汉书·地理志》体例：

<u>某郡</u> <u>某县</u> <u>某地或某山</u>，<u>某水</u>水所出，<u>水向</u> 至 <u>某地</u> 入 <u>某水</u>，过郡多少，
　A1　　B1　　　C1　　　　　D1　　　　　　E1　　　F1　　G1　　　　H1
行<u>多少里</u>，莽曰<u>某地</u>，<u>某州川</u>（窬）。
　I1　　　　J1　　K1

《说文·水部》体例：

<u>某水</u>，水。出 <u>某郡</u> <u>某县</u> <u>某地或某山</u>，<u>水向</u> 入 <u>某水</u>。<u>某州川</u>（浸）。
　D2　　　　　　A2　　B2　　　C2　　　　E2　　G2　　K2

其中 A1、A2；B1、B2；C1、C2；D1、D2；E1、E2；G1、G2；K1、K2 位置上分别能构成异文关系。如：

《汉书·地理志》："（颍川郡阳城）<u>阳干山</u>，<u>颍水</u>所出，<u>东</u>至<u>下蔡</u> 入 <u>淮</u>，
　　　　　　　　　　　　A1　　　　　B1　　　　C1　　　D1　　　　E1　F1　　G1
过郡三，行<u>千五百里</u>，<u>荆州窬</u>。"
　H1　　　I1　　　　K1

《说文·水部》："<u>颍</u>，水。出<u>颍川</u> <u>阳城</u> <u>干山</u>，<u>东</u> 入 <u>淮</u>。从水，顷声。
　　　　　　　　D2　　　　A2　　B2　　C2　　E2　　G2
<u>豫州浸</u>。"
　K2

上述颍水 A1、A2；B1、B2；C1、C2；D1、D2；E1、E2；G1、G2；K1、K2 位置上可以相互对应，通过对照比较，发现 C1，C2；K1，K2 位置上存在异文，《汉书·地理志》认为颍水源自阳干山，是荆川窬，而《说文·水部》认为颍水源自干山，是豫州浸。可见对照比较法可以为寻找异文提供方便。

3. 共时与历时研究相结合

《说文》与《汉书》均为东汉著作，它们成书年代相近，语言面貌具有很大的一致性。对《说文·水部》与《汉书·地理志》进行异文研究，应该属于共时研究，然而两书关于水名的材料来自时代较早的《尚书·禹贡》《山海经》《淮南子·墬形训》《尔雅·释水》等著作，且时代较后的《水经注》以及地方县志对这些河流仍有记载，因此，笔者采取共时与历时相结合的研究方法，以东汉为中界点，上推下沿，查看其他年代的地理著作是怎么记录这条河流的，从共时层面研究《说文·水部》与《汉书·地理志》的异文现象，从历时层面研究河流的发展变迁，从而对河流有一个更为系统的了解。

第四节 《水部》《地理志》异文研究现状

《说文》与《汉书》作为对后世影响深远的经典著作，历来都是学术界研究的热点。自东汉以来，历朝历代学者或对其进行注释校勘，或对里面的现象展开研究。因此，出现了很多高质量的著作、论文。本节主要从三个方面探讨二者异文的研究现状。

一、《说文》研究现状

《说文》是我国第一部文字学著作，对《说文》的研究涉及方方面面，有的研究重在从文献学角度入手，对《说文》进行校勘与版本鉴定。如严可均的《说文校议》、钮树玉的《说文解字校录》、段玉裁的《说文订》，这些著作以恢复《说文》原本为目标，它们参考旧说，订正传本《说文》之误。除此之外，段玉裁《说文解字注》、王筠《说文句读》、沈涛《说文古本考》等书则以《说文》为基础，对里面的字词进行校勘，这些研究都是利用异文材料来考订《说文》。近年来，王钰（2014）《据宋元复古类正字专书匡正〈说文〉传抄讹误举隅》参照宋元复古类正字专书，征引其他经籍，比勘异文，匡正清陈昌治刻本《说文》的讹误。在版本鉴定方面，主要以单篇文章为主，如苏铁戈（1997）《〈说文解字〉的版本与注本》，潘天祯（1997）《汲古阁本〈说文解字〉的刊印源流》，王贵元（1999）《〈说文解字〉版本考述》等，他们梳理了《说文》的版本，对《说文》的写本、刻本进行了详细介绍。

对《说文》的研究主要集中在语言学领域，具体体现在文字、训诂、音韵三个方面。在文字方面，有对《说文》收录的篆文、籀文、重文、逸文、新附字等进行研究的，如商承祚（1983）《说文中之古文考》一书，利用大量的传世和出土文字，对《说文》的古文进行全面疏证。由于商承祚很少看到与《说文》古文关系密切的战国文字，因此在古文考证方面多有疏失，近年来吴慧（2014）《商承祚〈说文中之古文考〉舛误例释》一文对"𣂁""禹"等20处古文进行了考证。郑珍的《说文逸字》参阅其他字书和古籍数十种，考订出逸字165个，是"说文学"史上第一部逸字研究专著。随后李桢《〈说文逸字〉辩证》一书对郑珍所收的165个逸字逐一进行考释，认为其中65个逸字为非逸字，补郑珍《说文逸字》之失。在训诂学方面，主要是对《说文》中的字、词、句以及标点句读进行考释，最经典的为段玉裁《说文解字注》，王力先生誉之为"这是训诂学上的革命"，段玉裁在注释《说文》时，除训释常用词外，他还注意揭示字的本义、引申义与假借义。当然，《说文解字注》也存在不可忽视的缺点和错误，所以，后来出现了一些对其补正的著作，如徐承庆《说文解字注匡谬》、冯桂芬《说文解字注考正》、徐灏《说文解字注笺》等著作，他们对《说文解字注》讹误进行补正。除此之外，王筠《说文句读》、桂馥《说文解字义证》、朱骏声《说文通训定声》，也是训诂学方面的经典著作。在音韵学方面，主要是对其反切的研究。徐铉以《唐韵》为依据对《说文》加注反切注音，其反切在流传过程中出现了一些讹误，对此，蔡梦麒（2007）《大徐本〈说文〉切语校订拾零》以陈刻本为底本，对《说文》的切语进行了部分辩证。王敏（2013）《〈说文〉二徐反切研究》以《广韵》为参照，对二徐《说文》进行了比对，在异音同义的比较中，发现二徐反切一部分是新旧音的差异，一部分是方言和通语的差别，剩下的部分可能是异读。

也有就《说文》的单个部首展开研究的。以水部字为例，有对水部字进行校勘研究的，杨永龙（2000）《〈说文解字·水部〉补校》通过《原本玉篇残卷》等清代学者未见的语料，对大徐本《说文》水部字进行了补校。陈源源（2011）《大徐本〈说文解字〉水部讹误举隅》利用字书、韵书、佛经音义等文献材料，对大徐本《说文·水部》进行校勘，指出其在释义和注音上存在的问题。有对水部字进行本体研究的，即对水部字的字形、字义进行穷尽性的系统研究。如贾莹（2008）《〈说文·水部〉形声字声符示源研究》，通过对《说文·水部》形声字符义素和声符关系的讨论，印证了形声字具有示源的功能。彭小红（2012）《〈说文解字〉水部字研究》着重讨论了水部字的字义归类，字形的古今演变，重文与正篆的字体结构变化。李彬（2012）《〈说文解字〉水部字语义场浅析》从现代语义场的角度，对水部字语义场进行了研究与分析。有对水部字里的水名进行研究的，如薛万鹏（2011）《〈说文解字〉水部字古今水名考释》，研究古今河流名称的变化和发源地古今名称的变化，发现了水部水名列字的次序规律，并对《说文》水部专名进行了勘误。

二、《汉书》研究现状

《汉书》是我国第一部纪传体断代史，历来不乏对它研究的著作。首先是文献学方面，主要集中在版本和校勘两个方面，在版本研究方面，倪小勇（2013）《〈汉书〉版本史考述》，从"史"的角度对《汉书》的版本情况进行了详细介绍，周晨（2002）《宋刻〈汉书〉版本考》、孙显斌（2013）《写刻之间：〈汉书〉文本面貌之嬗变浅议》对《汉书》的写本、刻本进行了详细说明。在校勘方面，曾宪礼（1992）《中华书局本〈汉书〉校议》对"帝纪"和前五"志"部分指出了九处可议之处。谢秉洪（2007）《〈汉书〉考校研究——以中华书局点校本为中心》对1962年中华书局本进行了系统的校勘。在文学方面，潘定武（2006）《〈汉书〉文学研究》是一篇对《汉书》文学进行全面研究的文章，文章研究了《汉书》的叙事艺术、话语特色等内容，于西兰《〈汉书〉中的后妃形象研究》主要分析了"吕后""窦太妃"等女性形象。

　　不少学者从语言学角度对《汉书》进行研究。自《汉书》问世以来，不少学者对其音义进行注解，著名的有服虔、应劭音义和颜师古注，其中，清代王先谦《汉书补注》以颜注为基础，全面总结了历代学者尤其是清代学者对《汉书》的研究成果，可以说是研究《汉书》集大成之作。近年来，有对《汉书》的注解进行校勘研究的，如李明（2007）《王先谦〈汉书补注〉研究》从小学、错讹、制度、地理等方面，总结了《汉书补注》的研究成果，随后，同名博士论文张海峰（2011）《王先谦〈汉书补注〉研究》指出李明硕士文章用力颇深，但也存在若干不足之处，如《汉书补注》的一个主要内容是对颜师古以后《汉书》研究成果的征引，而该论文对这一时期的研究成果没有涉及，张海峰全面考述了《汉书补注》的研究成果，对《汉书补注》进行了校勘研究、语词训释研究、史实考订研究、表志研究。万献初（2013）《服虔、应劭〈汉书音义〉音切考辨》分类考辨了颜注中收录的服虔和应劭所注的音切。当然也有对《汉书》进行词汇研究的。如郭玲玲（2013）《〈汉书〉核心词研究》以斯瓦德什《百词表》中的核心词为纲，建立了相应的语义场，研究《汉书》核心词的义项和语义表达形式。王彦坤（2003）《〈汉书〉所见辞书未收词语考释》考释了《汉书》所见辞书漏收词语50个，补充了《汉书辞典》和《汉语大词典》。

　　也有就《汉书》的某个专篇进行研究的，以《地理志》为例，其研究成果众多，张保见、高青青（2016）分析了百年以来《汉书·地理志》的研究情况，共分为三个时期：传统向现代过渡的民国时期（1912—1949），新中国成立以来至1977年的曲折发展时期（1949—1977），1978年以来的扩展繁荣时期（1978—）。①《汉书·地理志》研究主要集中于两个方面，在文献校勘领域，

---

① 张保见，高青青.民国以来《地理志》研究综述 [J].湘南学院学报，2016（1）：28–32.

主要是考察郡县数量、郡名、过县数量等。如后晓荣（2008）《〈汉书·地理志〉"道"目补考》补考了《汉书·地理志》所缺的四道，后晓荣（2012）《〈汉书·地理志〉脱漏九县补考》补考了《汉书·地理志》所缺的九县。夏大兆（2012）《〈汉书·地理志〉右扶风郡新证》利用封泥、玺印、铜器等出土文献，校读《汉书·地理志》"右扶风郡"下部分条目，一方面验证了传世古籍记载的可信，另一方面纠正了传世文献在流传过程中所产生的讹误。周亚（2004）《〈汉书·地理志〉沁水"过郡三"考辨》认为当为"过郡四"。在地理学领域，主要是利用《汉书·地理志》材料了解东汉时期的河流面貌，如蔡雨明（2015）《〈汉书·地理志〉黄河水系汇考》对《汉书·地理志》所载334条河流进行了辩证考察。武欣彦（2021）《〈汉书·地理志〉长江水系研究》全面梳理了《汉书·地理志》中所有关于长江水系的信息，对长江干流和84条长江支流进行了辩证考察。

三、异文研究现状

典籍传抄必然会产生异文，对典籍异文的校订始于春秋时代。《吕氏春秋·慎行论·察传》："有读《史记》者曰：'晋师三豕涉河'。子夏曰：'非也，是己亥也。夫己与三相近，豕与亥相似。'至于晋而问之，则曰晋师己亥涉河也。"这是异文研究的滥觞。自觉地运用异文进行语言学研究始于清代，钱大昕在论证古音时就十分擅长运用异文材料。对异文现象进行专书专题研究的有柳荣宗《说文引经考异》、陈乔枞《诗经四家异文考》等。异文研究是语言学、文献学以及文化史研究十分重要的课题，近年来，对异文的研究主要集中在以下两个方面：

1. 异文基本理论研究

对于异文本体的研究，包括对异文定义、类型、产生原因、判定正误的方法以及研究价值的探讨。对此，专书有黄沛荣（1991）《古籍异文论析》、王彦坤（1993）《古籍异文研究》、朱承平（2005）《异文类语料的鉴别与应用》，其中，《古籍异文论析》分析了异文的概念和类型。《古籍异文研究》是对异文进行全面总结的第一部专著，讨论了异文应用的理论依据和实践中存在的问题。《异文类语料的鉴别与应用》讨论了异文的分类、异文产生的原因以及不同异文语料的鉴别与应用问题。单篇论文有刘禾（1986）《异文与训校》、边星灿（1998）《论异文在训诂中的作用》，他们从不同角度探讨了异文的作用。章也（1989）《古书异文与辞书编纂》论证了异文材料对语文辞书编纂的作用。毛承慈（2011）《阮元〈毛诗注疏校勘记〉判定异文正误的原则》讨论了阮元使用音韵、文字、训诂等方法判断异文正误的原则，总结了校者判断异文的方法。程蒂（2013）《论由异文发现古籍讹误的校勘方法——以王念孙〈读书杂志〉为例》，文章指出异文在考察古籍讹文、脱文、衍文、倒文等方面的重大作用，肯定了异文的校勘学价值。

2. 异文应用研究

异文应用领域十分广阔，它不仅限于语言学领域，还包括文学、史学、医学、农学、地理学、文献学、佛学等各个学科。以古书中的异文材料作为研究对象，从而对各类书中的字、词（包括专业术语）、句进行校勘与研究，有助于我们对古代的科技文明、思想信仰有更好的理解。关于文学、医学、农学等领域的异文研究有很多，在此不做赘述，下面仅分析字书、史书、历史地理相关书籍的异文研究现状。

字书的异文研究主要表现为将引文与原著的异文进行研究，如钱宗武（1996）《〈说文〉引〈书〉异文研究》考释出《说文》引今古文《尚书》149例，其中144例取自今文《尚书》，该文比较了《说文》的引文和今文《尚书》经文，找出异文113例，并对其异文进行了分类。黄仁瑄（2008）《高丽藏本慧苑音义引〈说文〉的异文问题》，通过两书异文来分析慧苑时代文字的发展变化。

史书的异文研究最为充足，主要包括专书研究与两书对比研究，专书研究主要有苏杰（2006）《〈三国志〉异文研究》，他以《三国志》和裴注作为研究对象，综合运用汉语史、文化史、文献学知识解决《三国志》和裴注异文考定中的疑难问题。两书对比研究有硕士论文：王海平（2003）《〈史记〉〈汉书〉异文研究》、邹维一（2010）《〈史记〉〈汉书〉异文考述》、李娟（2012）《〈史记〉〈汉书〉异文的训诂价值研究》，他们均以《史记》与《汉书》作为研究对象，王海平从宏观上分析了二书异文的表现形式、产生原因以及在语文学科诸方面的应用。邹维一细致地分析了异文产生的原因，李娟侧重于分析异文在文字学、训诂学、语法学上的训诂研究价值。

地理书籍的异文研究比较少，且不够系统，就当前的情况看，其异文研究散见于注释类书籍以及对个别异文考释的文章中，注释类书籍的异文研究可分为两类，一为通过异文探究历史河道，属于自然科学领域的研究；一为通过异文还原语言面貌，属于校勘学领域的研究。单篇文章有钟云瑞（2015）《〈汉书·地理志〉颜师古注引〈尚书·禹贡〉研究》，通过颜师古注与《尚书·禹贡》字句的对比，文章指出，颜师古注《地理志》多引用《尚书·禹贡》的孔安国传，而弃马融、郑玄之说不用。

　　综上所述，目前对《说文·水部》与《汉书·地理志》的研究很不系统，将这两部书单列出来，进行对比研究，更是罕见。研究《说文·水部》与《汉书·地理志》异文具有重要的语言学、文献学和历史地理学价值。

第一章　从字的层面看《水部》
与《地理志》异文

本章站在"文字研究"的角度，探究异文的字际关系。苏杰（2006）《〈三国志〉异文研究》指出"文字学是我们解决文献异文问题的有力武器"。从文字学的角度，可以主要通过"形义联系"或"音义联系"来判断异文，根据异文间形、音、义之间的联系，可以把异文的字际关系分为三种类型：①古今字；②通假字；③异体字。

古今字、通假字、异体字是我们把握字际关系的三个不同的立足点，古今字读音相同，但形体发生了演变，意义发生了分化；通假字因读音相同或相近而通用；异体字音义完全相同而形体不同，可见三者不是同一概念的整齐划分，它们之间存在交叉重合的部分，且边缘模糊。然而我们不能抹杀这种分类的意义，"古今字""异体字""通假字"三者各有侧重，相互补充，可以囊括异文在文字方面的类型。因此，只有综合三者，我们才能得出较为全面的结论。

本章从"古今字异文""通假字异文""异体字异文"三个小节展开具体分析，旨在分析东汉时期用字规律，同时解决一些与文字有关的典籍异文问题。

第一节　古今字异文

《说文·水部》与《汉书·地理志》异文中有大量的古今字，这种现象的出现有很多原因，如文献典籍在历代传抄过程中常会造成文字差异；各个时代的用字风尚不同，汉代在使用文字时便存在"尚古"倾向；传抄者的用字习惯、文化修养不同等等。搜集和整理《说文·水部》与《汉书·地理志》的古今字异文，对汉代的古今字研究具有一定的价值。

一、古今字简述

"古今字"是传统训诂学术语，东汉经学家郑玄首先提出了"古今字"这一名称，《礼记·曲礼下》："君天下曰天子，朝诸侯，分职授政任功，曰：'予一人。'"郑玄注："《觐礼》曰：'伯父实来，余一人嘉之。''余''予'古今字。"在汉唐时期，"古今字"只是在随文注释时才会用到，并没有科学地说明什么是"古今字"。

清段玉裁在《说文解字注》中多次使用"古今字"这一概念，并对其加以论述，他在"余"字下注云："余、予古今字，凡言'古今字'者，主谓同音，而古用彼，今用此异字。"段氏主要是从"文字的实际运用情况"来看这个问题的，并没有注重文字的发生与孳乳。因此对"古今字"的定义太过宽泛，把通假字也包括在内了。清王筠《说文释例》注意总结"古今字"的规律，提出了"分别文""累增字"的概念，对"古今字"做了全新的解释。他说："字有不须偏旁而义已足者，则其偏旁为后人递加也。其加偏旁而义遂异者，是为分别文。"王筠是按文字孳乳中的形体联系区分古今字，这只能解释古今异字中的部分现象，即具有造字相承关系的古今字。随后王筠又提出了"累增字"的概念："其加偏旁而义仍不异者，是谓累增字。"即累增字是一个汉字没有分化，加上偏旁以后和原来的汉字音义全同的那些字。无论是"分别文"还是"累增字"，它们都只能说明一部分古今字，这缩小了"古今字"的范围。

目前，对"古今字"的概念有两种主要看法，一种为广义的概念，这种观点以裘锡圭为代表，他沿用前人对古今字的理解，主张不能改变其基本内涵。裘锡圭（1988）《文字学概要》："一个词的不同书写形式，通行时间往往有前后，在前者就是在后者的古字，在后者就是在前者的今字。"这种广义的古今字包括两类：一类为古字和今字仅仅是书写形式的不同，意义完全相同；一类为古字和今字意义不完全相同，今字所表示的意义只是古字众多义项的一部分。

另一种为狭义的概念，这种观点以洪成玉为代表。洪成玉认为："古今字的含义逐渐缩小并明确化，是科学术语应该标准化的客观要求，也是对古今字深入研究的必然结果。随着学科的发展，认识的深化，同一个术语所表示的范围或概念发生相应的变化，是学科发展史中正常的现象。"[①]洪成玉（1995）《古今字》认为古今字包括四类：①从形体结构看，一般都有造字相承的关系，这

---

①　洪成玉. 古今字 [M]. 北京：语文出版社，1995: 26.

是古今字最常见、数量最多的一种。②在引申出新的意义以后，不便再增加偏旁，为了使新造的字与原字有区别，只好采取别的造字方法，即改变偏旁的方法来另造新字，这类古今字也比较常见。③古字先有一个假借过程，当假借用来表示新词的字逐渐稳定后，才在假借字基础上新增偏旁另造新字。④古字和今字在形体上已看不出什么共同的联系，但在音、义和造字方法上仍然有相承的关系。并认为这四类的共同特点为：古字和今字有着造字相承的关系，两者是历时的关系；语音上都是相同或者相近的；在意义上都有这样那样的联系。洪成玉从形、音、义三个方面对古今字进行了界定，然而这种狭义的古今字并不符合古人的原义。裘锡圭（1988）《文字学概要》指出："近年来，还有人明确主张把'古今字'这个名称专用来指有'造字相承关系'的字，他们所说的古今字，跟古人所说的古今字，不但范围有大小的不同，而且基本概念也是不一致的。"故本书仍采用广义的古今字概念。

二、古今字考辨

　　《说文·水部》与《汉书·地理志》都是东汉时期的著作，二者异文研究几乎可以说是共时层面的研究，通过对它们异文的收集和整理，笔者发现存在着大量的古今字异文。对《说文·水部》与《汉书·地理志》古今字异文进行考辨，我们可以总结二书的用字规律，从而为二书其他方面的研究提供重要指导。对此，笔者举相关异文进行考辨。

【溺—弱】

　　《说文·水部》："溺，水。自张掖删丹，西至酒泉合黎，余波入于流沙。从水，弱声。桑钦所说。"

　　《汉书·地理志》："（张掖郡删丹）桑钦以为道弱水自此，西至酒泉合黎，莽曰贯虏。"

　　《说文·水部》"溺"，《汉书·地理志》作"弱"。

　　按：《说文·水部》"溺水"即《汉书·地理志》"弱水"，"溺"为"弱"的古字。据清朱士端《说文校定本》，"大小徐同，《禹贡》'溺水'讹孔本作'弱'，桑钦本传《古文尚书》盖真古文作'溺'"。

　　关于"弱水"的得名之由，学术界今有两种说法。一为"力不负芥"说。《尚书·禹贡》："黑水西河惟雍州，弱水既西。"蔡沈集传引柳宗元曰："西海之山有水焉，散涣无力，不能负芥，投之则萎靡垫没，及底而后止，故名曰弱。"一为"不负鸿毛"说。《山海经·大荒西经》："昆仑之邱，……其下有弱水之渊环之。"郭璞注："其水不胜鸿毛。"东方朔《海内十洲记》："凤麟州在西海之中央，地方一千五百里。洲四面有弱水绕之。鸿毛不浮，不可越也。"

上揭两种说法都说明弱水浮力小，无力载物。几部权威的汉语辞书认为上为以讹传讹之说，之所以名弱水，原因在于此水浅或当地人不习惯造船而不通舟楫。这虽然力破俗见，但仍表明此水为软弱无力之水。

艾荫范（2009）认为弱水之弱是阿尔泰语哈喇 [xara]（汉译为黑）的对音简记，在阿尔泰语的族群中，"黑水"中的"黑"并不确指颜色，而是带有宗教色彩，象征着神圣之义。[①]而弱水今又称黑河，这可以说是研究"弱水"之"弱"的另一个研究视角，据史料记载，弱水流域历来多为少数民族之地，夏、商、周时为羌戎之地。春秋至秦时为月氏、乌孙之地。西汉时，匈奴赶走了月氏，直到公元前121年，霍去病打败匈奴，此地并入中国版图。上古读"弱"泥母之发音在中古更接近于喉音，当在［ŋ］左右，而"弱"的声母完全可变为同一发音部位的［x］、［ɣ］。因此此说是有一定的语音理据的。

"弱"与"溺"古音相近，此河应作"弱水"还是"溺水"，下面笔者将从文字学和训诂学角度展开分析。

至于"弱"与"溺"的关系，学术界意见不一，有说"弱"是"溺"古字的，有说"溺"是"弱"古字的，还有说二者为假借关系的。根本原因在于"弱"构形之义不明。

从形体来看，"溺""弱"古本一字，是遗尿之形的复写，"溺"为"弱"的增形字。"溺"始见于商代甲骨文，其形体为 ，"战国文字变 为 作 ，为小篆 形所本，重复之另加水旁写作 "[②]。在甲骨文构形学方面，有"合文"一说，重复之加水旁则更似经过了两次演变，"弱"应为 重迭而成。因变 为 作 ，失去了水的形体，另加水旁变为"溺"。"弱"字见于秦简之中，其形体为 、 、 等，从今战国秦汉出土文字数据可见，其形体确为从弓从 ，"弓形乃人形之讹变， 乃尿水之形。古文字中人、尸、弓经常会发生讹混的现象"[③]，另加尸旁应作"屙"，在"溺"的异体字中有"屙"字，该字亦为"弱"的增形字，梅膺祚《字汇·尸部》："屙，同溺。"《正字通·尸部》："屙，俗溺字。"

从词义来看，水名"溺"出现的时间早于"弱"，读作"ruò"。清邵瑛《说

① 艾荫范.弱水之"弱"和与之相关的几个古汉语词语解读 [J].沈阳师范大学学报，2009（1）：130-132.

② 李学勤.字源 [M].天津：天津古籍出版社，2012: 959.

③ 谭生力.说"尿"[J].中国文字研究，2014（20）：31-34.

文解字群经正字》：《书·禹贡》弱水正字当作此。《释文》'弱本或作溺'，是唐以前古本固作溺，至陆氏时多见弱，少见溺，故云'或作'以疑之……是知《彡部》之'弱'与《水部》之'溺'古本一字，'溺'以溺水特制此字，《说文》中常有之，俗但知溺为沉溺，故溺水专用弱，不知沉溺古别有伙字也。"在这之前，"沉溺，沉没"义写作"伙"，读作"nì"，《说文·水部》："伙，没也。"段注："此沈溺之本字也。今人多用溺水水名字为之，古今异字耳。"《玉篇·水部》："伙，孔子曰：'君子伙于日（口），小人伙于水。'今作溺。"北周卫元嵩《元包经·大过》："风采于陂，舟伙于水。"李江注："伙，没也。音溺。""伙"亦作"夹"。梅膺祚《字汇·水部》："夹，与溺同。"因此，"溺"与"弱"的关系如图 1.1 所示。

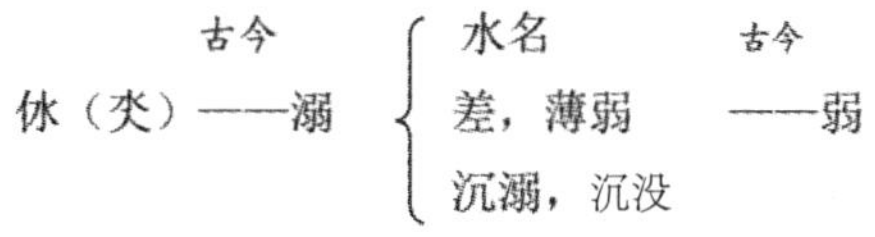

$$\text{伙（夹）} \xrightarrow{\text{古今}} \text{溺} \left\{ \begin{array}{l} \text{水名} \\ \text{差，薄弱} \xrightarrow{\text{古今}} \text{弱} \\ \text{沉溺，沉没} \end{array} \right.$$

图 1.1　"溺"与"弱"关系图

【 漾—养 】

《说文·水部》："漾，水。出陇西相道，东至武都为汉，从水，羕声。古文从养。"

《汉书·地理志》："（陇西郡氐道）《禹贡》养水所出，至武都为汉。莽曰亭道。"

《说文·水部》"漾水"，《汉书·地理志》作"养水"。除"漾水""养水"外，《尚书·禹贡》郑本、《史记·夏本纪》并作"瀁"，《淮南子·墬形训》作"洋"。

按：《说文·水部》"漾"字从水，羕声，另有重文"瀁"，是其古文也。故"瀁"今作"漾"，是"养"的分化字，而"洋"为"养"的同音假借字。段玉裁《皇清经解·禹贡第三·虞夏书》："是则壁中故书作'瀁'，孔安国以今文读之，易为'漾'也。《汉志》'陇西郡氐道'下曰《禹贡》养水所出'，字作'养'（师古云本作漾，或作瀁，皆非善本也），则上文述《禹贡》亦必云'嶓冢道养'不尔，则前无所承，今本《志》作道'漾'者，浅人用《尚书》改之也。《郡国志》'陇西氐道'下亦作'养水'，盖《夏本纪》亦本作'道养'，后人加水旁作'瀁'耳。其字山也，则加山旁，其字水也，则加水旁，此学者通病，非《史记》独用古文也。壁中作‘瀁’，孔安国作‘漾’，今文《尚书》作‘养’，此三者之不同也。《淮南·墬形训》作‘洋水’，高注云‘洋或作养’，此可证汉人通用‘养’字，‘养’古音同‘洋’。”

【淯—育】

《说文·水部》：“淯，水。出弘农卢氏山，东南入海。从水，育声。或曰出郦山西。”

《汉书·地理志》：“（弘农郡卢氏）又有育水，南至顺阳入沔。”

《汉书·地理志》：“（南阳郡郦）育水出西北，南入汉。”

《说文·水部》“淯水”，《汉书·地理志》作“育水”。

按：《说文·水部》“淯水”即《汉书·地理志》之“育水”，二者均兼述弘农郡与南阳郡两条水流。“育”为“淯”的古字。《说文》中“淯”“育”二字并见，“育”在甲骨文时代就已经产生了，“育”的甲骨文字形为“”“”，金文作“”，表示母产子之形，其本义为生育，《诗经·大雅·生民》：“载生载育，时为后稷。”此处“生”与“育”对举，表示生育之义。《玉篇·𠫓部》：“育，生也。”以“生”训“育”，又《说文·𠫓部》：“育，养子使作善也。从𠫓，肉声。《虞书》曰：‘教育子。’毓，育或从每。”《说文》所载“养子”义是其引申义。除此之外，“育”还表示培养、成长、幼稚等意义。“淯”字大致出现于汉代，是“育”的分化字，是在“育”的基础上另加“氵”旁，表示淯水之义。《管子·宙合》：“天淯阳，无计量。地化生，无法崖。”尹知章注：“淯，古育字。天以阳气育生万物，物生不可计量。”北宋欧阳修《集古录跋尾》卷5《隋蒙州普光寺碑》：“应劭曰：‘育水出弘农卢氏，南入于沔’故后人于‘育’加‘水’为淯阳。”

【溱—秦】

《说文·水部》：“溱，水。出桂阳临武，入汇。”

《汉书·地理志》：“（桂阳郡临武）秦水东南至浈阳入汇，行七百里。莽曰大武。”

《说文·水部》“溱水”，《汉书·地理志》作“秦水”。

按：“秦”与“溱”为古今字。《说文·水部》“溱”下段注：“《地理志》郑水作溱，粤水作秦，又《方舆纪要》载《旧志》云：‘溱与寻同音。’故《水经注》观峡，亦名秦峡也。据此可证溱水读如秦国。《前志》秦为古字。”

“溱”“秦”二字《说文》并收，“秦”最晚于商代就已经产生，其甲骨文字形为“”“”，从午，从廾，从秝，表示“春”的意思。甲骨文用为祭名，如："弜秦宗于妣庚？"（合集 32742）《说文·禾部》："伯益之后所封国。地宜禾。从禾，春省。一曰秦，禾名。秦，籀文秦从秝。"可见"秦"本义实际上当为一种禾名，但多假借为国名，即周代的秦国，周孝王封伯爵之后，始建国于此地，因其地"宜禾"，故假"秦"为名，后本义罕见。而"溱"字出现较晚，大致产生于汉代，是"秦"的分化字，表示水名。"溱"与"秦"音同。王念孙《读书杂志·汉书第六·地理志》"临武秦水东南至浈阳入汇"下注："秦，读为溱。"

【濆—资】

《说文·水部》："濆，久雨涔濆也。一曰水名。"

《汉书·地理志》："（零陵郡都梁）路山，资水所出，东北至益阳入沅，过郡二，行千八百里。"

《说文·水部》"濆水"，《汉书·地理志》作"资水"。

按："濆"，《说文·水部》兼述两说，一为久雨积水，一为水名。濆水，《广韵》认为它在常山郡，音"疾资切"，其原文曰："濆，水名。在常山郡。"《说文·水部》"濆"下段注："《广韵》曰在常山郡。"《汉书·地理志》常山郡下未见有"濆水"，常山郡南行唐县下有"滋水"，其原文为"一曰滋水。出牛饮山白陉谷，东入呼沱"。对此，《说文·水部》亦收录"滋水"，可见其与"濆水"不同。《说文·水部》"濆水"应为《汉书·地理志》之"资水"。《说文·水部》"濆"下严可均校议："《汉书·地理志》零陵都梁路山，资水所出，即此。"清王绍兰《说文段注订补》："许所偁盖即《汉志》之资水也。"

"濆""资"二字《说文》并见，"资"秦文字作"①"，为形声字，本义为钱财。《说文·贝部》："资，货也。从贝，次声。"《诗经·大雅·板》："丧乱蔑资，曾莫惠我师。"毛传："资，财也。"除了表示钱财外，"资"还表示"积蓄""给予""帮助""天赋、秉性""粮食"等义。"濆"出现年代较晚，是"资"的分化字，表示水名。《正字通·水部》："濆，津私切。音咨。水名。本作资。"

第二节　通假字异文

本节考察《水部》与《地理志》异文的通假字现象，研究通假字异文，可

---

① 选自张守中. 睡虎地秦简文字编 [M]. 北京：文物出版社，1994：94.

以帮助我们了解东汉及东汉以前的字音情况，通过已经掌握的语音材料，我们可以还原其本字，从而更好地阅读古文献。此外，因《说文·水部》与《汉书·地理志》异文涉及很多地理历史方面的信息，通过通假字异文，还有利于我们对古代历史地理的理解。

一、通假字简述

段玉裁《说文解字注》分析假借字有三种情况："大氐假借之始，始于本无其字。及其后也，既有其字矣，而多为假借。又其后也，且至后代讹字，亦得自冒于假借。博综古今，有此三变。"上文所述第二种类型为我们所说的通假字，通假字即本有其字的假借。孔德明（1993）《通假字概说》："通假就是指古书上同音字或音近字的通用和假借。甲种意义已经有一个字却不用，反而借用另一种意义的同音字或音近字来表示，这个借用的字便叫做通假字，被代替了的字叫做正字或本字。"① 后文中他又指出"所谓音同、音近，是就秦汉以前的古音而言"，所以通假亦称古音通假。洪成玉（1985）《古汉语词义分析》："通假字为假借字的一种，是指本有其字的假借。"

"通假字"最早可追溯到西汉初年，《诗经》毛传首开本字训释通假字之先河。《诗经·小雅·小旻》："谋夫孔多，是用不集。"毛传："集，就也。"毛氏把"集"训作"就"。"就"为从母觉部字，"集"为从母缉部字，二者声母相同，韵旁转相通，上古音十分接近。"谋夫孔多，是用不集"表示谋划的人很多，难以有所成就，"集"当作"就"。

先秦两汉的作品中，"通假字"尤多，主要有两个原因：①先秦两汉有写同音替代字的习惯。当时，同音替代字，并不是当为此字而误作他字的错别字，而是为社会所公认的一种书写习惯。②秦始皇焚书坑儒后，不少儒家经典著作原本已失传，靠记忆传授下来的著作，难免有借字记音的现象，再加上古代典籍是以口耳相传形式传播的，传抄过程难免会产生别字。

二、通假字考辨

《说文·水部》与《汉书·地理志》异文中有一些构成通假字关系，它们音同或音近，而意义之间没有联系。通假字异文是我们从训诂学角度研究汉代语音的一个重要途径，研究这些通假字可以帮助我们了解秦汉时期的语音面貌。

---

① 孔德明. 通假字概说 [M]. 北京：北京广播学院出版社，1993：1.

【浚—俊】

《说文·水部》:"灅,水。出右北平浚靡,东南入庚。"

《汉书·地理志》:"(右北平郡俊靡)灅水南至无终东入庚,莽曰俊麻。"

《说文·水部》"浚靡",《汉书·地理志》作"俊靡"。

按:西汉有"俊靡县",字作"俊",《后汉书·郡国志》《水经注》《后汉书·耿弇传》等亦作"俊",《说文》段注本亦作"俊",可见该字本当作"俊"字,且《说文·水部》"灅"下段注:"俊,各本作浚,今依二《志》作俊。右北平俊靡,二《志》同。今直隶顺天府遵化州,州西北有俊靡故城是。"《水经注·鲍邱水》:"庚水又西南流,灅水注之。水出右北平俊靡县,王莽之俊麻也。"杨守敬疏:"汉属右北平郡,后汉因,魏、晋属北平郡,后废。在今遵化州西北。灅水今名沙河,出州北口外。"

上文"俊"借作"浚"。文献中"浚"也常借作"俊",如《尚书·皋陶谟》:"日宣三德,夙夜浚明有家,日严祗敬六德,亮采有邦。"蔡沈集传:"浚,治也。亮亦明也。"谢灵运《撰征赋》"浚明"借作"俊明",其文为:"降俊明以镜鉴,迥风猷以昭宣。""浚"有疏通、治理之义,而《撰征赋》"俊"通"浚"。"俊"与"浚"上古音相近,"俊"为精母文部字,"浚"为心母文部字。二字精、心旁纽双声,文部叠韵,属音近通假。

【呼沱—虖池】

《说文·水部》:"寏,水。出魏郡武安,东北入呼沱水。"

《汉书·地理志》:"(魏郡武安)又有寏水,东北至东昌入虖池河,过郡五,行六百一里,有铁官。莽曰桓安。"

《汉书·地理志》"虖池",《说文·水部》大徐本、和刻本、汲古阁本等均作"呼沱",小徐本作"滹沱"。

按:"虖"金文作"𥝢""𥝢""𥝢",本义为虎吼,《说文·虍部》:"虖,哮虖也。从虍,乎声。""呼"甲骨文作"𠙵",小篆作"呼",本义为吐气。"呼"与"虖"为通假字。"呼"常用作语助,如"呜呼",它为记音词,除此形体外,另有"于呼""乌呼""乌乎""呜虖"等异写字形,其中"呜虖"字形见于《汉书》,《汉书》"呼"常借作"虖",如《汉书·武帝纪》:"呜虖,何施而臻此与!"颜师古注:"虖读曰呼。呜呼,叹辞也。"

"呼沱""虖池"还作"呼池""虖沱""嘑池""嘑沱""滹沱""恶池"等,清吴玉搢《别雅》卷二:"嘑沱,呼沱,虖池,虖沱,恶池,亚驼,呼池,滹沱也。"《山海经·北山经》:"虖沱之水出焉。"郝懿行笺疏:"虖沱,《郡国志》刘昭注引此经作呼沱,经典或作恶池、或作亚驼,并声近假借之字。"池""汹"与"沱"形体相近，经典中常混用。如《易·离》:"出涕沱若，戚嗟若，吉。"陆德明释文:"沱，荀作池，一本作汹。"《诗经异文释》卷十一:"俾滂沱矣。《史记·仲尼弟子传》引作'滂池'，《论衡·说日》引作'汹'。"而"呼""虖""嘑""滹""恶"因音近而相通。考其古音，"虖""呼"同为晓母鱼部字，属音同通假。《资治通鉴·汉纪三十五》:"二月，遣捕虏将军马武屯虖沱河以备匈奴。"胡三省注:"虖，读曰呼。"

【高—膏】

《说文·水部》:"洋，水。出齐郡临朐高山，东北入巨定。"

《汉书·地理志》:"(齐郡临朐)石膏山，洋水所出，东北至广饶入巨定。莽曰监朐。"

《说文·水部》"高山"，《汉书·地理志》作"石膏山"。《说文》小徐本亦作"石膏山"。

按:《说文·水部》"高山"即《汉书·地理志》之"石膏山"。《说文·水部》"洋"下段注:"班、许以出临朐石膏山者为正源耳。许云高山，即石膏山也。"《后汉书·郡国志》:"昌国临朐有三亭，古邢邑。"唐李贤注:"《左传·庄元年》齐所徙，杜预曰在县东南，应劭曰伯氏邑也，《地道记》曰有石高山。"《水经注·巨洋水》:"水西出石膏山西北石涧口，东南径逢山祠西，洋水又东南，历逢山下，即石膏山也。"杨守敬疏:"今曰石高河，出益都县西南石高山。"又《一统志》:'是山跨临朐、益都二县界，在临朐者名逢山，在益都者名石膏山，实一山耳。'"可见《水部》"临朐"下有阙文。

"高"为"膏"的假借字。《素问·生气》:"高梁之变，足生大丁，受如持虚。"王冰注:"高，膏也;梁，粱也。"《汉纪·孝成纪》:"(张)禹为人谨厚，然内殖货财，多买田至四百顷，皆泾渭溉灌，极高腴上贾。"文中"高腴"即"膏腴"。清王引之《经义述闻·名字解诂·鲁孔穿字子高》:"高，读为膏。车行则膏毂之穿以利转，故穿字子膏也。""高"与"膏"都为见母宵部字，上古音相同。故"高"与"膏"为同音通假字。石膏山因石色如膏而得名，故"膏"当为本字。《明一统志》卷24"青州府":"石膏山，石色润泽如膏，故名。"洋水，即今山东青州之南阳水，《益州县志》:"石膏山，在县西南二十五里，石色润泽如膏，南阳水出焉。"

【灊—潜】

《说文·水部》:"灊，水。出巴郡宕渠，西南入江。"

《汉书·地理志》:"(巴郡宕渠)潜水西南入江。"

《说文·水部》:"一曰汉水为潜。"

《汉书·地理志》:"沱、灊既道,云梦土作乂。"颜师古注:"沱、灊,二水名,自江出为沱,自汉出为灊。"

以上涉及两条河流,一水出巴郡宕渠,此水《说文·水部》作"灊",《汉书·地理志》作"潜"。一水为汉水支流,《说文·水部》作"潜",《汉书·地理志》作"灊"。

按:《说文·水部》收"灊""潜"二字。并指出潜水为汉水支流,灊水则为出巴郡宕渠县的另外一条河流。而《汉书·地理志》对于两条河流的记载恰好与《说文·水部》相反。首先看汉水支流,其字当依《说文·水部》作"潜",《尔雅》与《水经注》亦作"潜"字,取其"枝分潜出"之义。《尔雅·释水》:"水自河出为灉,济为濋,汶为灛,洛为波,汉为潜。"邢昺疏:"沱、潜,皆大水分出别为小水之名也。"郝懿行义疏:"'汉为潜'者,《说文》同。《荀子·大略篇》注引李巡曰:'汉水溢流为潜。'""潜"又作"潜",《正字通·水部》:"潜,……从兓从曰,篆作𣶏,俗从二先。"《水经注·潜水》:"潜水盖汉水枝分潜出,故受其称耳。""潜水"出汉中安阳县西,北入汉。即今湖北省潜江市境之芦洑河。清顾祖禹《读史方舆纪要·湖广三》:"(潜江)县东三十里有芦洑河,即汉水分流处。《志》云:'汉水自石城北三十里分流为芦洑河,经县东南,复入于汉,故名潜江。'"

再看"灊水",《说文·水部》《汉书·地理志》皆曰出巴郡宕渠,西南入江。此乃西汉水,即今嘉陵江支流,《汉书·地理志》:"(巴郡宕渠)潜水西南入江。"王先谦补注:"潜水本作灊水,即下文入灊之灊,今作潜者,浅人以《水经》改之也。《说文》:'灊水出巴郡宕渠,西南入江。''潜,涉水也,一曰汉为潜。'是'出巴郡宕渠入江者'字本作'灊',《水经》作'潜'者借字耳。"《水经注·潜水》:"潜水出巴郡宕渠县。"杨守敬疏:"《禹贡》沱潜既道,《史记》潜作涔,《汉书》作灊,潜、涔、灊音同通用。今本《汉志》宕渠下作潜水,而不曹水入灊,即入此水,知本作灊,传钞讹为潜也。"

"潜"与"灊"上古皆为从母侵部字,故常相互假借,《说文·水部》"灊"下桂馥义证:"灊,经典借潜字。"朱骏声《说文通训定声》:"灊,假借为潜。"《尚书·禹贡》:"沱潜既道。"江声集注音疏:"潜,或为灊,或为涔。"刘逢禄今古文集解:"潜,《本纪》作涔,《地志》作灊,段云:'古通用。'"汉水支流"潜水"与嘉陵江支流"灊水"常混用,如钱穆《史记地名考》:"然水出汉皆为涔,不专指安阳一水。如堵水入汉,亦可得涔名。……盖汉人既以嘉陵江为西汉水,故水入嘉陵江者,亦得潜名矣。"把嘉陵江上游之灊水与入汉之潜水相混。

【城—成】

《说文·水部》:"治,水。出东莱曲城阳丘山,南入海。"

《汉书·地理志》:"(东莱郡曲成)阳丘山,治水所出,南至沂入海,有盐官。"

《说文·水部》"曲城县",《汉书·地理志》作"曲成县"。

按:"曲城"本作"曲成",据《中国历史地名大辞典》《中国古今地名大词典》,汉高祖六年(前201)封虫达为曲成侯,置侯国,汉武帝元朔五年(前124)封中山靖王子为曲成侯,改置为县,属东莱郡,即此。王念孙《读书杂志·晏子春秋第一·内篇谏下》:"《地理志》:'东莱郡有曲成县,高帝六年封虫达为曲成矦者也。'"

文献中"成"与"城"可通用。《左传·文公十一年》"齐天子成父"一文,李富孙异文释:"《管子·小匡》《吕览·勿躬》《鲁世家》并作城父。"王先谦《汉书补注》卷二八:"成、城通用字。"除此之外,《说文·水部》"高城县",《汉书·地理志》作"高成县","城""成"均为禅母耕韵字,为声同通假字。

【涪—符】

《说文·水部》:"温,水。出犍为涪,南入黔水。"

《汉书·地理志》:"(犍为符)温水南至鳖入黚水,黚水亦南至鳖入江。莽曰符信。"

《说文·水部》"涪县",《汉书·地理志》作"符县"。

按:西汉既有涪县,亦有符县,只不过符县属犍为郡,涪县属广汉郡。广汉郡涪县下未见有温水,《说文·水部》"温"下桂馥义证:"'涪'当为'符'。"此处"涪"为"符"的通假字。上古音中,"符"为并母幽部字,"涪"为并母之部字。它们声母相同,韵旁转相通,上古音十分相近,属于声近通假字。

【隗—騩】

《说文·水部》:"溱,水。出河南密县大隗山,南入颍。"

《汉书·地理志》:"(河南郡密)有大騩山,溱水所出,南至临颍入颍。"

《说文·水部》"大隗山",《汉书·地理志》作"大騩山"。

按:大隗山,因黄帝在此山间得道于大隗而得名,又名具茨山。唐杨炯《少室山少姨庙碑》:"轩辕之访大隗,先求牧马之童。""大隗"为神名。《庄子·徐无鬼》:"黄帝将见大隗乎具茨之山。"陆德明释文:"大隗,神名也。"宋洪迈《姓源韵谱》:"天水有隗氏,出于大隗氏。"此山亦作"大騩山"。《玉篇·马部》:"騩,山名。"《国语·正语》:"主芣騩而食溱洧。"韦昭注:"芣、騩,山名。"《山海经·西山经》:"又西一百九十里曰騩山。"郝懿行笺疏:《琴赋》

五臣注作'隗'。"騩"为"隗"的通假字。二者上古音相近,"隗"为疑母微部字,"騩"为见母微部字,二字韵相同,声母发音部位相同,故声音十分接近。属音近通假之字。

第三节 异体字异文

《说文·水部》与《汉书·地理志》异文中含有大量的异体字异文,这些异体字异文数量十分庞大,且类型多样。整理和研究《说文·水部》与《汉书·地理志》的异体字异文,不仅可以帮助我们了解古书中的异体字情况,还可以举一反三,为我们研读古书提供指导,帮助我们研究古书中一系列的语言现象。

一、异体字简述

关于异体字的概念,王力、蒋绍愚、裘锡圭等学者都有详细阐述。王力(1999)《古代汉语》的定义是:"两个(或两个以上的)字的意义完全相同,在任何情况下都可以相互代替。"[①]他没有强调是否需要完全同音。蒋绍愚(1989)《古汉语词汇纲要》的定义为:"异体字是人们为语言中同一个词造的几个形体不同的字,这些字意义完全相同,可以相互替换。"[②]在定义中,蒋绍愚特别强调异体字一定是"为语言中同一个词而造的",在功能条件的基础上增加了构形方面的条件。然而他缩小了异体字的范围,没有把书写变异这一类包括在内。

目前,对异体字概括比较充分的是裘锡圭在《文字学概要》中的定义,他认为:"异体字就是彼此音义相同而外形不同的字。严格地说,只有用法完全相同的,也就是一字的异体,才能称为异体字。但是一般所说的异体字往往包括只有部分用法相同的字。严格意义的异体字可以称为狭义异体字,部分用法相同的字可以称为部分异体字,二者合在一起就是广义的异体字。"裘锡圭着重分析了狭义异体字,他把狭义异体字分为八类:①加不加偏旁的不同;②表意、形声等结构性质上的不同;③同为表意字而偏旁不同;④同为形声字而偏旁不同;⑤偏旁相同但配置方式不同;⑥省略字形一部分跟不省略的不同;

① 王力. 古代汉语(第一册)[M]. 北京:中华书局,1999: 173.

② 蒋绍愚. 古汉语词汇纲要 [M]. 北京:北京大学出版社,1989: 191.

⑦某些比较特殊的简体跟繁体的不同；⑧写法略有出入或因讹变而造成的不同。①他所列举的异体字范围既包括用不同造字方法为语言中同一个词造的不同的文字形体，又包括书写变异产生的异体字。李国英（2004）主张从构形和功能两个维度给异体字下定义，把异体字的范围限定在同字范围之内，把异体字定义为"在使用中功能没有发生分化的为语言中同一个词造的不同的文字形体以及由于书写变异造成的一个字的不同形体"②。

综上所述，异体字是指音同义同而形体不同的字，不同书体以及书写变异而产生文字上的不同亦为异体字。异体字研究是汉字本体研究的一个重要方面，也是研究汉字形体演变的一个切入点。

二、异体字考辨

《说文·水部》与《汉书·地理志》存在大量的异体字异文，这些异体字异文是汉代文献用字研究的重要材料，通过《说文·水部》与《汉书·地理志》异体字的梳理，异体字异文可分为四种类型：①省略字形一部分跟不省略的不同；②写法略有出入或因讹变而造成的不同；③书写变异造成的不同；④更换偏旁所造成的不同。下面笔者一一对这四种类型展开分析。

（一）省略字形一部分跟不省略的不同

【嵋—嵋】

《说文·水部》："沱，江别流也。出嵋山东，别为沱。"

《汉书·地理志》："嵋山道江，东别为沱。"

《说文·水部》"嵋山"，《汉书·地理志》作"嵋山"，《水经注》作"岷山"，其别名作"汶山"。

按："嵋""嵋"诸字，本字当作"嶅"，《说文·山部》："嶅，嶅山也，在蜀湔氐西徼外。"段注："此篆省作嵋，隶变作汶、作文、作峧、作峭，俗作嶅、作岷。"段玉裁认为"嵋""岷"为"嶅"的省形俗字，此说不误，"汶"又作"峧"。上古音中，"民"为明母真部字，"文"为明母文部字，二者声母相同，韵为对转关系，语音十分接近，故常相互假借。《楚辞·九章·悲回风》："冯昆仑以瞰雾兮，隐岐山以清江。"王逸注："岐山，江所出也。"洪兴祖补注："峧、峭、汶，并与岷同。"《史记·夏本纪》"汶、嶓既藝"下司马贞索隐："汶，一作嵋，又作峧。岐山，《封禅书》一云渎山，在蜀都湔氐道西徼

① 裘锡圭. 文字学概要 [M]. 北京：商务印书馆，1988: 205.
② 李国英. 异体字的定义与类型 [M]. 北京：商务印书馆，2004: 12.

（今四川省茂县一带），江水所出。"《资治通鉴·晋纪》："汶山白马胡侵掠诸种，益州刺史皇甫晏欲讨之。"胡三省注："汶，读与崏同。"

综上，"嶽"可省作"崏""岻"，可俗作"磘""嶜""嶓""岷"，又"从民"与"从文"之字又可相互假借，其关系如图 1.2 所示。

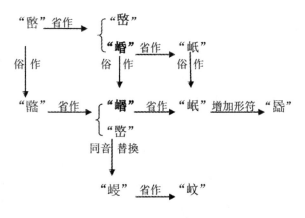

图 1.2　"嶽"与"嶓"关系图

"嶽""崏""岻"可俗变作"磘""嶜""岷"，其共同特征为构件"昏"俗变作"昬"，"氏"俗变作"民"。在古代文献中"昬"与"昏"常混用，《尔雅·释诂》："鹜、务、昏、暓，强也。"其中，"昏""暓"二字，单疏本、正德本作"昬""暓"，雪牕本注亦作"昬""暓"，经及闽本、监本、毛本作"昏""暓"。《左传·昭公二十五年》"非昬姻之事"一文，监本"昬"作"昏"，毛本作"婚"。"昏"甲骨文为"ᒲ"，从日，从氏，或从氐。古文字氐、氏本为一字，表示日低下西沉之义，隶变后楷书写作"昏"。因其构件"氏"与"民"形体相近，故"氏"讹变为"民"，"昏"讹作"昬"。《说文·日部》："昏，日冥也。从日，氏省。氏者，下也。一曰民声。"段注："字从氏省为会意，绝非从民声为形声也。盖隶书淆乱，乃有从民作昬者。"

篆文的一个重要特点为凡方折处都是弧形线，若"氏"的短撇有曲折弧度，而"民"的竖提稍短，则"氏"与"民"极易产生混淆。如"氏"，颂鼎作"ᒿ"，睡虎地秦简作"ᒷ"，石经作"ᒥ"，"民"，曹全碑作"ᒼ"，其形体十分相近。古从"氏"、从"民"的字常相互换用。到了唐代，因避唐太宗讳，从"民"常省笔作"氏"，这种现象更加普遍了，而且通常是成系统地发生改变。马叙伦《说文解字六书疏证》卷十三引钱大昕《十驾斋养新录》卷上："唐石经遇民字皆作ᒀ，而偏傍从民者，尽易为氏，如崏作岻，泯作汦，缗作缗，瘼作瘼，碈作碈，瞖作瞖，愍作𢛳，蟊作蟊之类，不一而足，则昏之为避讳省笔无疑。"顾炎武《金石文字记》："民字皆缺笔作𡆪，泯作汦，岷作岻，汦、昏、缗、瘼、碈、瞖、𢛳皆改从氏，避太宗讳。"再如 S.2832《愿文等范本·亡禅师》："广传法灯，阇相自泯。""泯"字原卷作"𣲖"，右边"民"字改成"氏"。P.2524《语对》："钓缗：音泯。□□钓鱼纶者也。""缗"字原卷作"𦃄"，右上角"民"字改成了"氏"。①

【潍—淮、维】

《说文·水部》："浯，水。出琅邪灵门壶山，东北入潍。'"

《汉书·地理志》："（琅邪郡灵门）壶山，浯水所出，东北入淮。"

《说文·水部》："汶，水。出琅邪朱虚泰山，东入潍。从水，文声。桑钦说：'汶水出泰山莱芜，西南入泲。'"

《汉书·地理志》："（琅邪郡朱虚）东泰山，汶水所出，东至安丘入维。"

《说文·水部》"潍水"，《汉书·地理志》作"维水"或"淮水"。

按："维""淮"二字当为"潍"的省形字。《说文·水部》"潍"下桂馥义证："潍水其字或省水作维，或省纟作淮，又或从心作惟，总是一字。"王筠《说文句读》："《汉志》作维者，省借也。作淮者，犹之作维也。"

然而有一种情况需要说明一下，潍水与淮水是两条区别明显的大河，淮水是古代四渎之一，它发源于桐柏大复山，于广陵淮浦县入海。潍水出自琅邪郡箕县，于都昌县入海。淮河与潍河一南一北，水域分布并无交集，然而，称潍河为淮河者自古有之，如《左传·昭公十二年》："穆子曰：'有酒如淮，有肉如砥砺。寡君中此，如诸侯师。'"陆德明释文："淮，当为潍。潍，齐地水名。"《说文·水部》"潍"下段注："今潍水出莒州西东北箕屋山……又东北入海，曰淮河口，与古水道合。"《皇朝通志·地理略六·山东诸水》："潍水俗曰东淮河，源出莒州北。"清齐召南《水道提纲·运河》："潍水俗曰淮河，曰东淮河，亦曰东汶河，源出莒州北境之箕屋山。""淮""潍"均为形声字，其声符分别为"隹"与"维"，而"维"亦为形声字，其声符为"隹"，这可以说明二者语音近似。"淮"为匣母微部字，"潍""维""惟"为喻母微部字，它们上古音是十分相近的，"淮""潍"音同在古代文献中亦能找出例证。"围""韦"与"潍"现代音相同，然而在上古时期，它们和"淮"同为匣母微部字，是同音字。《释名·释水》："淮，围也，围绕扬州北界，东至海也。"毕阮疏证："《水经注》又作：'淮，韦也。'"

---

① 董志翘，杨琳.古代汉语（第二版）[M].武汉：武汉人民出版社，2014：161.

李学勤（2002）通过探讨帝辛时期"征夷方"问题，发现征夷方的甲骨卜辞中有"淮"地，认为"淮"即"潍"，并推测东征东夷的路线为：安阳—兖州—新泰—青州—潍坊。①而潍坊昌邑、诸城地区的潍河流域至今仍有人把"潍河"称作"淮河"或"槐河""坏河"。对此，不少学者记载这种现象，《说文·水部》："潍水出琅邪箕屋山，东入海。"段注："本又作淮。今山东土语与淮同音，故竟作淮字。"清顾炎武《日知录》卷三十一："潍水出琅邪郡箕屋山，《书·禹贡》'潍淄其道'，《左传·襄公十八年》'晋师东侵及潍'是也。其字或省水作维，或省纟作淮，又或从心作惟，总是一字。……古人之文或省，或借其旁，并从鸟隹之隹则一尔。后人误读为淮沂其义之淮，而呼此水为槐河，失之矣。"据人口迁徙史，可以推测出：最初人们的活动范围仅局限于中原地区，淮河流域还未开发，当时的"淮河"指现在的潍河流域，后来人口南迁，南下的人们以熟知的河流名称给淮河命名。淮河流域的人或偃姓或嬴姓，而偃、嬴两姓起于鲁地，且春秋时鲁国属民还有淮夷，《左传·昭公二十七年》："鲁君守齐，三年而无成。季氏甚得其民，淮夷与之。"从考古学的角度来看，至少大汶口文化时期，山东地区已有族群南下淮水之滨，今安徽固镇县濠城集北的古城址为汉代洨县城址，它是建立在大汶口文化晚期出现的古城基础上的。在此之前的安徽蒙城尉迟寺遗址，也是大汶口文化至龙山时期的大型聚落遗址，发现有大型围沟、成组的红烧土排房建筑、墓葬、兽坑、祭祀坑以及各类遗物等。②对此，古代文献中亦有记载。《后汉书·东夷传》："武乙衰敝，东夷浸盛，遂分迁淮、岱，渐居中土。"

【濄—涡】

《说文·水部》："濄，水。受淮阳扶沟浪汤渠，东入淮。"

《汉书·地理志》："（淮阳国扶沟）涡水首受狼汤渠，东至向入淮，过郡三，行千里。"

《说文·水部》"濄水"，《汉书·地理志》作"涡水"。

按："涡"当为"濄"的省形俗字。《集韵·戈韵》："濄，水名。《尔雅》'濄为洵'，或省。"张舜徽《说文解字约注》："濄，《汉书》省作涡。今亦通用省体，俗称涡河。"

【灈—澑】

《说文·水部》："灈，水。出河南密县，东入颍。"

---

① 李学勤. 夏商周与山东 [J]. 烟台大学学报，2002（3）：332-337.

② 陈立柱，吕壮. 古代淮河多种称谓问题研究 [J]. 史学月刊，2011（11）：37-47.

《说文·水部》："溳，水。出河南密县大隗山，南入颍。"

《汉书·地理志》："（河南郡密）有大騩山，溳水所出，南至临颍入颍。"

《说文·水部》"灅""溳"两收，《汉书·地理志》作"溳水"，不作"灅水"。

按：《六书故·地理三》："溳，《说文》作灅。"可见戴侗所见唐本《说文》无"溳"字，而今所见《说文》"灅""溳"两收，是后人增补的结果。《说文·水部》"灅"下段注："此'溳'字之异体，后人收入。"钮树玉校录："树玉谓《说文》'溳''灅'二字音训并同，疑有后人增益。……然'灅'字次弟又不应在后，或后人因《汉志》补入，'溳'字又颠乱其次弟耳。"

"溳"为"灅"的省形俗字，"溳"字始见于唐《开元文字音义》，而《淮南子》之《本经》《览冥》诸篇，字皆作"灅"，可见西汉时已见"溳"字。胡吉宣《玉篇校释·水部》："徐锴《韵谱》：'溳，水名。灅同。'《六书故》：'溳，《说文》作灅。'盖戴氏所见唐本《说文》无'溳'字，'溳'出《开元文字音义》，后人据以窜入《说文》，本书广益本又依二徐误本而增入者，拟移'溳'为'灅'之重文。"张舜徽《说文解字约注》"溳"字下亦云："《六书故》云：'溳，《说文》作灅。'证以《广韵·七志》'溳'字下云出《文字音义》，可知许书原本但作'灅'，不作'溳'。'溳'实'灅'之或体，故《地理志》《水经》皆作'溳'也。"

【浸、寖—瀙】

《说文·水部》："汾，水。出太原晋阳山，西南入河。从水，分声。或曰出汾阳北山，冀州浸。"

《汉书·地理志》："（太原郡汾阳）北山，汾水所出，西南至汾阴入河，过郡二，行千三百四十里，冀州瀙。"

《说文·水部》："寖，水。出魏郡武安，东北入呼沱水。"

《汉书·地理志》："（魏郡武安）又有瀙水，东北至东昌入虖池河，过郡五，行六百一里，有铁官。莽曰桓安。"

《说文·水部》"浸""寖"，《汉书·地理志》作"瀙"。

按："瀙"可以表示泽名的总称，也可以表示水名，出于魏郡武安。这两个意义《说文·水部》与《汉书·地理志》皆存在异文。第一个意义异文中凡6例，《说文·水部》作"浸"，《汉书·地理志》作"瀙"，后一个意义异文中凡2例。《说文·水部》作"寖"，《汉书·地理志》作"瀙"。

"瀙""寖"的现代规范汉字均作"浸"，"浸"最初表示湖泽的总称。《周礼·夏官·职方氏》："（扬州）其川三江，其浸五湖。"郑玄注："浸，可以为陂灌溉者。"《篇海类编·地理类·水部》："浸，泽之总名也。""浸"的商代甲骨文字形作"🔲"，从水，从帚，从宀，表示人持帚用水清扫房子，隶定作"濅"，因古书中"宀"旁与"穴"旁常混用，故"濅"又写作"寝"。西周金文字形作"🔲"，隶定之可作"浸"，为甲骨文之省形。战国字形作"🔲"，移水于宀外作"濅"，此时其字形已偏向于形声化了。《说文》小篆作"🔲"，增"又（手）"作"濅"，会以手持帚洒扫之意，《说文》定其为形声字，从水，寖声。大徐本曰楷作"寖"，段注曰隶作"浸"。"濅"为"濅"的别写。而汉代文字作"寖""寝""浸"者，皆为商、周、战国文字余绪。

"寖""寝""浸""濅""濅""濅""浸"等异写字形，或省或繁，它们为异体字。《玉篇·水部》："寖，寖水，出武安县东，又寖渍。"又"浸，同上。"《广雅·释诂一》："寖，积也。"王念孙疏证："浸与寖同。"《广韵·沁韵》："浸，渍也，渐也；寖，上同，出《字林》。"《正字通·水部》："浸，别作濅。"《康熙字典·水部》："浸，与浸、濅同。"

【菏—河】

《说文·水部》："菏，菏泽水。在山阳胡陵。《禹贡》：'浮于淮、泗，达于菏。'"

《汉书·地理志》："（山阳郡湖陵）《禹贡》'浮于泗、淮，通于河。'水在南。莽曰湖陆。"

《说文·水部》"菏泽水"，《汉书·地理志》作"河水"。

按："菏泽水"当作"菏水"，"泽"为衍文。"菏，菏泽水。在山阳胡陵"一文段注本作"菏，菏水。在山阳胡陵南"。《说文·水部》"菏"下段注："各本水上衍泽字，陵下夺南字，今依《尚书音义》正。"菏水为水名，在山阳郡湖陵，菏泽为泽名，在济阴郡定陶。《汉书·地理志》："（济阴郡）《禹贡》菏泽在定陶东，属兖州。"《水经注·菏水》："菏水分济于定陶东北。"杨守敬疏引傅寅《尚书集解》云："许氏《说文》，菏水出山阳湖陵南，正与孔传同，而班固以为在定陶，何也？盖在定陶者，其泽也，在湖陵者，其流也。"

"河"为"菏"的省形字。元熊忠《古今韵会举要》："许慎所见盖古文《尚书》，后人传写之误不知从艸。"段玉裁《古文尚书撰异·禹贡第三·虞夏书》："《说文》引《书》亦作菏，今俗本误作河耳。菏泽与济水相通，而泗水上可以通菏，下可以通淮、徐州，浮淮入泗，自泗达菏也。……隶从艸作菏，俗遂讹为荷，又讹为河也。许慎时经犹作菏，而《史记》《汉书》并作河，盖后人传写之误。"

（二）写法略有出入或因讹变而造成的不同

【濕①—漯】

《说文·水部》："濕，水。出东郡东武阳，入海。从水，㬎声。桑钦云：出平原高唐。"

《汉书·地理志》："（东郡东武阳）禹治漯水，东北至千乘入海，过郡三，行千二十里。莽曰武昌。"

《汉书·地理志》："（平原郡高唐）桑钦言漯水所出。"

《说文·水部》"濕水"，《汉书·地理志》作"漯水"，《后汉书·郡国志》"东郡东武阳"及"平原郡高唐"下皆作"濕水"，与《说文》合。

按："漯水"所经之处，有几个以此水命名的地名，《后汉书·郡国志》有"平原郡濕阴县"，《汉书·地理志》作"漯阴"；汉千乘郡有"濕沃县"，而《汉书·地理志》作"湿沃县"，《水经注》作"漯沃县"。此水当为"濕水""漯水"，还是"湿水"？下面从文字学、训诂学角度进行分析。

"濕"为"濕"的本字，亦作"㵾"。《正字通·水部》："濕，濕本字。"梅膺祚《字汇·水部》："㵾，同濕。"《汇音宝鉴》："㵾，全濕。"从"濕"到"㵾""濕"，是汉字渐趋简化的结果。"濕"从水，从㬎，㬎的小篆字形为"𣊡"，表日中视丝之义。《说文·日部》："㬎，众微杪也。从日中视丝。古文以为显字。"其构件"絲"，甲骨文字作"𢇁""𢇂"，像丝两束之形，上下端或作"𢆶""𢆷"者乃束余之绪，古文字中"丝"多省上端之"𢆶"，此形体为《说文》篆书所本，隶变作"𢇁"，汉隶简作"絲"，又为楷书所本，写作"丝"，本义为蚕丝，今皆简化为"丝"。《干禄字书》："絲絲，上通下正。"清顾蔼吉《隶辨·平声》："絲，《说文》作絲，从二糸，隶变如上，省作絲，从絲之字蠻或作𡂛，孌或作㜻，讹从丝，㬎或作累，讹从乡，𦆀从絲省或作𦆃，讹从幺。""漯"为"濕"的省形讹俗字，另外亦有"濕"字。清毕沅《经典文字辨证书·水部》："濕正，漯省，湿，俗书。漯水字应作濕，漯出汉郙阁碑。"其中，"漯"字，其构件作"累"者，为"㬎"之省形字，作"累"者，为"累"之讹，构件"日"讹为"田"了。明张自烈《正字通·水部》："濕，濕本字讹，省作漯。"又"漯，同濕，俗省。……本作濕，或省作漯，又转为漯字，今经传濕水之濕作漯，亦后人讹省也。"《隶辨·缉韵》："《广川书跋》云'漯当作濕'，是也。《说文》'濕'从'㬎'；'㬎'，从'日'，从'丝'。'累'即'㬎'

---

① "濕"以及下文之"湿"，现已简化作"湿"，为了方便叙述，本条原文及解释"湿"采用繁体形式。

之省，而讹'日'为'田'耳。"清王念孙《读书杂志·汉隶拾遗》"李翕析里桥郙阁颂"："涞漯之漯，《说文》本作灅，隶变作濕，又作漯。其右边作累者，省丝为纟，又变日为田耳。"

"濕"与"漯"在古代著作中经常混用。如"濕阴"一词有两义，这两个意义在文献中皆与"漯阴"相混。一为汉侯国名，《汉书·功臣表》有"濕阴定侯"，《地理志》《霍去病传》《王莽传》皆作"漯阴"。一为西汉县名，《汉书·地理志》将其归于"平原郡"下，而《后汉书·郡国志》及《寰宇记》均作"漯阴"。

经典中又常以"濕"为"湮"，汉千乘郡有濕沃县，濕水之所径，故名。而《汉书·地理志》作"湮沃"，魏收《魏书·地形志》、司马彪《续汉书·郡国志》沿之，皆作"湮沃"，《水经注》作"漯沃"。《墨子·经说上》："不必成濕。"孙诒让间诂："卢云：《方言》：得而中亡，谓之湮。杨倞注《荀子》引作濕。'"《左传·襄公二十五年》："规偃猪，町原防。"晋杜预注："偃猪，下濕之地。"阮元校勘记曰："纂图本，监本，毛本'濕'作'湮'。"又《僖公二十三年》："既而以濕手挥之。"阮元校勘记曰："毛本'濕'作'湮'。案：经典多以'濕'为'湮'。""湮"本为地下潮濕义。《说文·水部》："湮，幽湮也。从水、一，所以覆也，覆而有土，故湮也。㬎省声。"徐锴系传："今人不知有此字，以濕为此字。"王筠《说文句读》："今以濕为湮。"《字课图说》卷一："一所以覆也，覆土而有水，故湮也。凡虫生于洼下之地者谓之湮生。'湮'亦作'濕'，如《易》'水流濕'是也。然'濕'字本义为'漯'，即《禹贡》'浮于济漯'之'漯'。"《庄子·马蹄》："编之以皂栈。"陆德明释文："以濕御濕也。"郭庆藩集释引卢文弨曰："濕，当作湮，后人多混用。"其实，"湮"与"濕"为通假字，由于二者形体相近，且古音相近，汉隶多借"濕"为"湮"字。《方言》卷一："湮，忧也。"戴震疏证："濕与湮通。"《周礼·考工记·弓人》："必因角干之濕以为之柔。"孙诒让正义："湮，经典通假濕为之。"王念孙《读书杂志·汉隶拾遗》："濕音它合反，而古声亦与湮相近，故经传湮字多通作濕。"段玉裁《古文尚书撰异·虞夏书》："汉碑借'濕''漯'为湮字，今人以濕为湮本之。"明方以智《通雅·释诂》："古人形相似则随笔用之，漯、濕、湮、灅互通。"

从"㬎、累、至"构件的字常相互混用，除"濕、漯、湮"外，还有很多混用的情况。如"隰、隰、陧"；"鞲、鞲"；"鞲、鞲"；"顯、顙"；"堨、堙、壒"等。

先看，"隰""隰""陧"三字，《集韵·缉韵》："隰，或作濕、隰。"另有

"隰"字，见于隋《主簿张浚墓志》，唐道宣撰《广弘明集》卷十六："峦隰夷改，蓬择徂迁，重依汉远，复逐旌悬。"（T52/213a）[1]"隰"，宋、元、明、宫本作"隰"。《正字通·阜部》："陸，同隰。《周礼》：'辨五地之物宜曰原隰，其动物宜赢物，其植物宜丛物。'""原隰"，《周礼·地官·大司徒》作"原隰"。

再如"鞃""鞹""鞃""鞹"四字，《释名·释车》："鞃，经也，横经其腹下也。"唐慧琳《一切经音义》卷五十五引作"鞹"。"鞃"同"鞃"，《篇海类编·人事类·韦部》："鞹，同鞃。"《正字通·韦部》："鞃，同鞃。""鞃""鞹"并与"鞃"同。邓福禄、韩小荆《字典考正》"鞹"字条："从字形演变看，此字疑是'鞃'的俗字。《可洪音义》卷十三《琉璃王经音义》：'带鞹，呼见反，义与鞹同。《经音义》作鞃也。'今对应经文作'带鞃'。"

再如"显""顥"二字，"显"，《魏郭显墓志》作"顥"，《汉严发残碑》作"顥"，"显"常与"顥"混用。《金石文字辨异·铣韵》："顥，《汉绥校尉熊君碑》'军功顥宿者'，又'顥封受爵'又'顥顥令德'，案：从絫之字，诸碑或书作'絫'，如'濕'为'㶏'，'隰'为'隰'之类，经传中亦往往见之。"宋欧阳修《集古录跋尾·后汉熊君碑》："其书显字皆为顥。"清桂馥《札朴·滇游续笔·宋宁州刺史爨君碑》："两显字并作顥。"

又如"塌""埕""塛"三字，《龙龛手鉴》载"塛"字，认为其字出于《玉篇》，同"塌"。《集韵·叶韵》："塌或作埕。"《广雅·释诂一》："埕，下也。"王念孙疏证："塌，与埕同。"

【浍—浍】

《说文·水部》："浍，水。出蜀汶江徼外，东南入江。"

《汉书·地理志》："（蜀郡汶江）浍水出徼外，南至南安，东入江，过郡三，行三千四十里。"

《说文·水部》大小徐本"浍水"，段注本改篆作"浍"，《汉书·地理志》作"浍水"。

按：浍水即今青衣江。据《说文·水部》与《汉书·地理志》，"汶江"为地名，"汶"即今"岷"字。"浍水出徼外"即浍水出汶江县境外不远处。考之地理，今青衣江发源的邛崃山脉正位于汶江境外不远处。汉南安县即今乐山

① 本文所引佛典来源《CBETA 电子佛典集成》，中华电子佛典协会 (Chinese Buddhist Electronic Text Association 简称 CBETA)，2016 年版。标注格式为"T"指《大正新修大藏经》、"X"指《卍新纂续藏经》、"J"指《嘉兴藏》、"K"指《高丽藏》、"C"指《中华藏》、"D"指国家图书馆善本佛典，"/"前后的数字分别表示册数和页数，a，b，c 分别表示上中下栏。下同。

市，溅水在乐山附近有大渡水来会入于江（即今岷江），《汉书·地理志》："（蜀郡青衣）《禹贡》：'蒙山溪，大渡水东南至南安入溅。'"《水经注·江水》："江水又东南，径南安县。……县南有峨眉山，有蒙水，即大渡水也。水发蒙溪，东南流与溅水合。水出徼外，径汶江道。吕忱曰：'溅水出蜀。许慎以为涐水也。从水，我声。'南至南安，入大渡水。大渡水又东入江。"与今大渡河、青衣江会于乐山之西再东入岷江相符。则"溅水"即青衣江无疑。

"大渡水"即《说文》之"沫水"，《说文·水部》："沫，水。出蜀西徼外，东南入江。"《水经注·青衣水》："青衣水出青衣县西蒙山，东与沫水合也。"又《沫水》："沫水出岷山西，东流过汉嘉郡，南流冲一高山，山上合下开，水径其间，山即蒙山也。东北与青衣水合。"

涐水因流经峨眉山而得名，"溅"为"涐"的形近俗字。《说文·水部》"涐"下严可均校议："余谓隶书'涐'为 **𢦤**，因误为'溅'，转写遂加口作'溅'。""溅"与"涐"的构件"𢦔"与"我"形体相近，只不过"𢦔"的形体集中于一角，受字体内部结构以及追求对称的民族心理的影响，"𢦔"加羡余成分"口"旁变为"𢦏"，又作"𢦏"。《六书正讹·灰咍韵》："𢦔，……又借为语词，隶作𢦏，加口以别之。"《正字通·口部》："𢦏，……本作𢦏，篆作𢦤，隶省作𢦏。"构件"𢦏""我"在古书中常发生错讹，如《尚书·洛诰》"公无困哉"，《汉书·元后传》及《杜钦传》均引作"公无困我"。

【收—牧】

《说文·水部》："涂，水。出益州牧靡南山，西北入淹。"

《汉书·地理志》："（益州郡收靡）南山腊谷，涂水所出，西北至越巂入绳，过郡二，行千二十里。"

《说文·水部》"牧靡"，《汉书·地理志》作"收靡"。

按："收"当作"牧"。王念孙《读书杂志·淮南内篇一》："俗书'收'字作'收'，形与'牧'相似。"古书中常有二字混用的例子。如《吕氏春秋·论人》："意气宣通，无所束缚，不可收也。"毕阮新校正："收，疑当作牧。"《汉书·酷吏传》："置伯落长以收司奸。"王念孙《读书杂志·汉书十四·酷吏传》："引之曰：'收'当依《史记》作'牧'。"

【洭—汇】

《说文·水部》："洭，水。出桂阳县卢聚，山洭浦关为桂水。"

《汉书·地理志》："（桂阳郡桂阳）汇水南至四会入郁，过郡二，行九百里。"

《说文·水部》"洭水"，《汉书·地理志》作"汇水"。

按："洭"的小篆形体为"𣲷"，隶定为"湮"，后省作"洭"。《字汇补·水部》："湮，洭本字。"《集韵·阳韵》："湮，洭。《说文》：'水，出桂阳县卢聚山洭浦关为桂水。'隶省。"以"匡"为构件的字有相同的省简过程，如"筐""筺"；"鄺""郎"；"恇""悭"等。"汇"为"洭"的形近讹字。"汇"繁体作"匯"，有一异体作"滙"，与"湮"形体十分相近。王念孙《读书杂志·汉书第六·地理志》："'汇'皆当为'湮'字之误也。'湮'读若'匡'，隶省作'洭'。《说文》曰：'湮水出桂阳卢聚，南出湮浦关为桂水。（'出'字旧本讹作'山'，'山'上又脱'南'字。今据《水经》订正）从水，匡声。'又曰：'溱水出桂阳临武入湮。''湮'字或作"𣲷"，形与'汇'相似，因讹而为'汇'。"《说文·水部》"洭"下段注："洭水亦曰湟水，《史记》：'出桂阳，下汇水。''汇'者，'洭'之误。"《史记·南越列传》亦误作"汇水"，云："元鼎五年秋，卫尉路博德为伏波将军，出桂阳，下汇水。"司马贞索隐："刘氏云：'汇当作湟'，或本作'洭'。"

【厉—广】

《说文·水部》："浊，水。出齐郡<u>厉</u>妫山，东北入巨定。"

《汉书·地理志》："（齐郡<u>广</u>）为山，浊水所出，东北至广饶入巨定。"

《说文·水部》"厉县"，《汉书·地理志》作"广县"。

按：《后汉书·郡国志》"齐郡"下有"广县"，未见有"厉县"，"厉"当为"广"的形近讹字。《说文·水部》"浊"下段注："'厉'当作'广'，'妫'当作'为'，皆字之误。""广"在古文字异体较多，主要表现在其构件"广"易与"厂"混同，如"广"有"𠪛"（班簋）、"𠪛"（番生簋）等形，"厉"亦有"𠪛"（五祀卫鼎）等形，二字形体十分相近。王念孙《读书杂志·史记第二·礼书》："二说皆非也。'广骜'当为'厉骜'，字之误也。（经传中厉、广二字，往往相乱，《月令》：'天子乃厉饰。'《吕氏春秋·季秋篇》作'厉服''厉饰'，《淮南·时则篇》作'厉服''广饰'。《庄子·大宗师篇》：'厉乎其似世乎。'崔譔本'厉'作'广'，《史记·平津侯传》：'厉贤予禄。'徐广曰：'厉，一作广。'《儒林传》：'以广贤材。'《汉书》'广'作'厉'，《地理志》'齐郡广'，《水部》注'广'讹作'厉'。）隶书'厉'字或作'广'，形与'广'相近，因讹为'广'。"

【黝—黟】

《说文·水部》："渐，水。出丹阳<u>黝</u>南蛮中，东入海。"

《汉书·地理志》："（丹扬<u>黝</u>）浙江水出南蛮夷中，东入海。"

《说文·水部》"黟县"，《汉书·地理志》作"黝县"。

按：《说文·水部》"丹阳黟县"即《汉书·地理志》之"丹扬黝县"。据《中国历史地名大辞典》，此县秦置，属鄣郡，治所在今安徽黟县东五里。西汉元封二年（前109）属丹阳郡。关于黟县的得名之由，有几种说法，大多数人认为黟县因境内有黟山而得名，或者因县治在黟川而得名，而无论是山名、川名或县名，"黟"的命名之源又是什么呢？对此，有两种说法，一为因"出石墨"而得名。《水经注·浙江水》："浙江又北历黟山，县居山之阳，故县氏之。"杨守敬疏："《元和志》：'黟县有墨岭，出石墨。'《癸巳类稿》八：'黟山亦曰石墨岭，下有井，是昔采墨之所，即今墨穴也。黟县之名由墨岭，古本取黟山为义。'"一为因"昔供柿心木"而得名，《元和郡县图志》卷二十八"黝县"："县南有墨岭，出墨石。又昔贡柿心木，县由此得名。"柿心木疑即黑木。《说文·黑部》："黟，黑木也。"段注："《周书·王会篇》：'夷用闟木。'《古今注》：'乌文木出波斯国，《南方草木状》文木树高七八丈，色正黑，如水牛角。'"《集韵·萧韵》："闟，木名。皮坚黑若铁，生水中。"明方以智《物理小识·草木类》："灟鶒木半紫褐，有蟹爪纹，半纪黑如乌闟，乌楠木，即闟也。""黟"与从殹字音近同源，从"殹"之字多表示黑义。①《六书故·天文下》："黟，烟奚切，又于夷切，漆色黑而泽也。字亦作黳。"《集韵·齐韵》："黟，……或作槷。"《正字通·木部》："槷同黟，黑木，一曰闟木，俗名乌木。""黟"的命名之由可能不止一种，上述说法都与"黟"的"黑"义有关。

"黟"与"黝"为异体字，王念孙《读书杂志·汉书六·地理志》："黟从多声，于古音属歌部，于今音属支部，若黝从幼声，则古今音皆属幽部，幽部之字无与支歌部通者，黟字不得借作黝也。此因字形相似而误耳，各史志或作黟，或作黝，其作黝者皆为误本。"此说不误，"黝"为"黟"的形近讹字，其构件"幼"为左右结构，异体又可作上下结构，写作"幼"，《正字通·幺部》："幼，别作幼。"《三国志通俗演义》卷二十二："今乘孙权新亡，孙亮幼弱，正欲伐之。""幼"，唐孟法师碑作"幼"，孔宙碑作"幼"，曹全碑作"幼"，皆讹"幺"为"乡"，其形体与"多"相近。

【巂—嶲】

《说文·水部》："淹，水。出越嶲徼外，东入若水。"

《汉书·地理志》："（越嶲郡遂久）绳水出徼外，东至僰道入江，过郡二，行千四百里。"

① 侯立睿.古汉语黑系颜色词疏解 [M].北京：中国社会科学出版社，2016：181.

《说文·水部》"越巂"，《汉书·地理志》作"越嶲"。

按："巂"同"嶲"，《集韵·纸韵》："巂，或作嶲。"《说文·水部》"淹"下段注："巂，音先蘂反，今四川语言，读如西上声，《佩觿》谓字作'嶲'，与'巂'不同者，谬说也，同字异音耳。""嶲"为"巂"的省形俗字，以"巂"为偏旁的字亦常俗省作"嶲"。《正字通·邑部》："酁，同酁，俗省。"

【澧—沣】

《说文·水部》："澧，水。出南阳雉衡山，东入汝。"

《汉书·地理志》："（南阳郡雉）衡山，沣水所出，东至郾入汝。"

《说文·水部》"澧水"，《汉书·地理志》作"沣水"。

按：《汉书·地理志》"武陵郡充县"下亦有"澧水"，云："历山，澧水所出，东至下隽入沅，过郡二，行一千二百里。"南阳郡雉县与武陵郡充县之水字均作"澧水"，而《水经注》亦记载此二水，"南阳郡"作"醴水"，武陵郡充县作"澧水"，《水经注·汝水》："汝水又东，得醴水口，水出南阳雉县，亦云导源雉衡山，即《山海经》云衡山也。"熊会贞参疏："《汉志》作澧水，澧、醴同。"《水经注·油水》："澧水出武陵充县西历山，东过其县南。澧水自县东径临澧、零阳二县故界。"其实，武陵郡之水当为醴水，而南阳郡之水当为澧水。《说文·水部》"澧"下段注："此条衡山非南岳澧水，非入洞庭之澧水，入洞庭之水《水经》别为篇，其字本作'醴'。《禹贡》：'江又东至于醴。'卫包始改为澧，郑注'醴'为陵，云：'今长沙有醴陵县。'马融、王肃'醴'为水名，《夏本纪》《地理志》皆作'醴'，《尚书正义》《史记索隐》引楚词'濯余佩兮醴浦'，正作'醴'，《水经注》出雉衡山者从酉，出武陵者从水，正是互讹也。""澧"与"醴"音近而相通，《尚书·禹贡》："又东至于澧。"刘逢禄今古文集解："澧，纪志皆作醴。裴骃引郑亦作醴。"《礼记·礼运》："地出醴泉。""醴"，陆德明释文引作"澧"，并云："澧，本又作醴。"

"沣"为"澧"的形近讹字。"沣"的繁体为"灃"，其构件"豐（丰）"与"豊"形体相近，"豊"字始见于殷商，其甲骨文字形为"👤""👤""👤"，初文从壴从珏，表示古人行礼事的鼓跟玉。其中"珏"的形体有"👤""👤""👤"形，在西周早期，就有人把"珏"省作"👤"，战国时，既有继承"👤"形的，也有把它省掉一半作"👤"的，同时完整的表示鼓形的"👤"讹断为上下两体，所以"豊"的上部就有了"👤"和"👤"繁简两种形式，它们在当时又有一些变体，"👤"形或讹断为"👤"，"👤"或左右短横接连为长横，作"👤"，有的省略中竖作"👤"，下部都如"豆"形。"丰"字初文从壴👤声，可能受"豊"的影响而求布局对称，其金文字形为"🌂"，自西周晚期，义符"壴"形上部中竖讹断，因此全字分为上下两块，下部亦如"豆"形。其上部"艸"繁增为"艸"，小篆隶变作"丰"，阜阳汉墓所出西汉早期识字读本《仓颉篇》字如此，这是秦汉以下演变正宗，但是，西汉前期或隶作"豐"或"豐"，这就同"豊"在战国至西汉的简写形式混同了，"豊"与"丰"在隶变时期常混同互用，在汉魏碑铭中常见"豊"写作"丰"①。宋毛晃《禹贡指南》卷四："《楚辞》云：'遗予佩兮澧浦。'澧音礼，今澧州澧水在焉，澧字从水，从豊，水隶变作氵，豊音礼，豆登之属，与丰字不同。汉《地理志》作醴。"

（三）书写变异造成的不同

【雝—雍】

《说文·水部》："泾，水。出安定泾阳开头山，东南入渭，雝州之川也。"

《汉书·地理志》："（安定郡泾阳）开头山在西，《禹贡》泾水所出，东南至阳陵入渭，过郡三，行千六十里。雍州川。"

《说文·水部》"雝州"，《汉书·地理志》作"雍州"。

按："雍"的远源、近源及产生过程都与"雝"同，二者为异体字，其甲骨文字形为"🦉""🦉"，篆文字形为"雝""雝"，"雝"为小篆隶定体，后隶变作"雍"，在隶变过程中，构件"巛"讹为"亠"，"邑"讹作"乡"，遂成"雍"字。由于"雍"笔画少，结构有特色，长期以来比"雝"的使用要广，因此在现代汉字中成为正体。"雝"的义项，雍都具有。《尔雅·释地》："河西曰雝州。"郝懿行义疏："雝者，……隶作'雍'。"《说文·隹部》："雝，雝䳏也。"段注："雝，……隶作雍。"

【要—夒】

《说文·水部》："漳，……清漳出沽山大要谷，北入河。"

《汉书·地理志》："（上党郡沾）大夒谷，清漳水所出，东北至邑成入大河，过郡五，行千六百八十里，冀州川。"

《说文·水部》"大要谷"，《汉书·地理志》作"大夒谷"。

按："要"甲骨文作"🦉"，篆文作"🦉"，表示以手叉腰之形。《说文·臼部》："要，身中也，象人要自臼之形。从臼，交省声。"清邵瑛《说文解字群经正字》："此字俗作腰，隶作要。""夒"为"要"的小篆隶定体，《汉书·地理志》有此字，《汉书·地理志》："（北地郡）县十九……大夒，廉。"颜师古注："夒，即古要字也。"

---

① 李学勤．字源[M]．天津：天津古籍出版社，2012：3803．

而"黾"为"要"的形近讹字,《集韵·宵韵》:"要,古作要。"《说文·水部》"漳"下严可均校议:"要字篆体作要,与黾形近,……疑此黾即要之误。"王念孙《读书杂志·汉书六·地理志》:"黾与要字形相似,要之讹为黾,犹黾之讹为要。"

(四)更换偏旁所造成的不同

【黔—黚】

《说文·水部》:"温,水。出犍为涪,南入黔水。"

《汉书·地理志》:"(犍为符)温水南至鳖入黚水,黚水亦南至鳖入江。莽曰符信。"

《说文·水部》"黔水",《汉书·地理志》作"黚水"。

按:《说文·水部》"黔水"即《汉书·地理志》之"黚水",《说文·水部》"温"下段注:"黚、黔音同。黔水即黚水。"《水经注·延江水》:"黚水亦出符县,南与温水会,阚骃谓之阚水,俱南入鳖水。鳖水于其县而东注于延水。"杨守敬疏:"温水出涪(当作符),南入黔水。黔字误,当作黚。""黚"与"黔"古书中常混用。《易·说卦》:"艮为山……为黔喙之属。"陆德明释文:"黔,郑作黚。"《易经异文释》卷六:"《史记·六国表》:'卫悼公名黔。'《吕览》注作'黚'。"

《说文·黑部》"黚""黔"并收,前者释为浅黄黑色,后者释为黎黑。其实,"黚"与"黔"当为异体字,古从今、从甘、从金、从禽之字常相互换用。《龙龛手鉴·黑部》:"黚,俗;黔,正。巨淹反,黑黄色也。"《正字通·黑部》:"黚,俗黔字。别作黚。"王念孙《广雅疏证·释器》:"《玉篇》'黚'音'巨炎''巨今'二切,则读与'黔'同。黔,亦黑也。"另有"黅"字,表示黄色,其字亦作"黚",《玉篇·黄部》:"黅,黄色。"《说文·黑部》"黚"下朱骏声《说文通训定声》:"黚,字亦作黅。"

除"黚""黔"外,另有"钤""钳"二字,它们在古文献中常混用,是更换偏旁所造成的异体字。《资治通鉴·齐纪二》:"内库弓矢刀钤十分之八。"胡三省注:"钤与钳同,刃也。"《篇海类编·珍宝类·金部》:"钤,与钳、钻同。"

【洛—雒】

《说文·水部》:"一曰涧水。出弘农新安,东南入洛。"

《汉书·地理志》:"(弘农郡新安)《禹贡》涧水在东,南入雒。"

《说文·水部》"入洛",《汉书·地理志》作"入雒"。

按:西汉时既有"洛水",又有"雒水",二者为区别明显的两条河流。而此处当指今河南洛河,"洛""雒"仅为普通的用字现象,二者为异体字。考察文献资料,可见汉代常用"雒"字。这是由于历史文化因素造成的。东汉光武以火德承运，忌国号"汉"和国都"洛阳"水太盛，遂用异体字"雒"代替，而魏文帝以土德继统，出于克刘生魏之意，下诏复改"雒"为"洛"。三国魏鱼豢《魏略》："诏以汉火行也，火忌水，故洛去'水'而加'隹'。魏于行次为土，土，水之牡也。水得土而乃流，土得水而柔，故除'隹'加'水'，变'雒'为'洛'。"《说文·水部》与《汉书·地理志》各版本经历代传抄增删，早已失去当时原貌，出现"洛""雒"混用的情况是十分正常的。

【浽一犊】

《说文·水部》："溉，水。出东海桑浽覆甑山，东北入海。一曰灌注也。"

《汉书·地理志》："(北海郡桑犊) 覆甑山，溉水所出，东北至都昌入海。"

《说文·水部》"桑浽"，《汉书·地理志》作"桑犊"。

按：西汉有"桑犊"县，属北海郡，东汉废，故《后汉书·郡国志》未收"桑犊县"。《说文·水部》"溉"下段注："东当作北，浽当作犊，皆字之误。"《水经注·巨洋水》："斟亭在溉水东，水出桑犊亭东覆甑山。"杨守敬疏："汉桑犊县属北海郡，后汉废，盖废县为亭也。在今潍县东南三十里。"《续山东考古录·潍县》载"桑犊"故城又称高密城，又称古郡城，五千年前的新时器时代就有人类在这里聚居，从事放牧劳动，故曰"桑""犊"，《说文·水部》字常把其他偏旁的字改作水旁，故"犊"作"浽"。

【牱一柯】

《说文·水部》："沇，水。出牂牱故且兰，东北入江。"

《汉书·地理志》："(牂柯郡故且兰) 沇水东南至益阳入江，过郡二，行二千五百三十里。"

《说文·水部》"牂牱"，《汉书·地理志》作"牂柯"。

按："牂牱"当作"牂柯"。牂柯郡，西汉元鼎六年（前111）置，治所故且兰，属益州。"牂柯"表示船只停泊时用以系缆绳的木桩，王念孙《广雅疏证·释宫》："《玉篇》：'牂杭。繋船大杙也。'字本作牂柯。牂者。杙长大牂牂然也。柯亦长大之名，犹木大枝谓之柯。《魏志·常林传》注引《魏略》云：'吴使朱然诸葛瑾攻围樊城。遣船兵于岘山东斫牂柯材。'"牂柯郡名以其为战役系船处而得名。《地理志》"牂柯郡"下颜师古注："牂柯，系船杙也。《华阳国志》云：'楚顷襄王时，遣庄𫏋伐夜郎，军至且兰，椓船于岸而步战。既灭夜郎，以且兰有椓船牂柯处，乃改其名为牂柯。'"《史记·西南夷列传》："发巴蜀卒治道，自僰道指牂牱江。"司马贞索隐引崔浩曰："牂牱，系船杙，以为地名。"周靖《篆隶考异·丬部》："牱，俗，篆作柯。……所以系舟者，又牂柯，地名史俱作柯，不从丬。"

第二章 从词的层面看《水部》与《地理志》异文

本章站在"词汇研究"的角度，探究异文之间的词义联系。词作为最小的能够独立运用的语言单位，其使用是很灵活的。而《说文·水部》与《汉书·地理志》在描述河流时又是采用转述他书的形式，遣词造句必然会有差异，故异文在词用层面的表现形式是多样的。

《说文·水部》与《汉书·地理志》异文中存在大量的同义词、地名词、方位词。这几个概念明显不是同一层面的整齐划分。其中，后两种类型是根据异文研究语料的特殊性而进行的分类。本书的研究对象是《说文·水部》与《汉书·地理志》的河流，二者的地名、方位有很多差异，表现在词汇领域则为地名词、方位词。本章分三个小节展开论述，分别是同义词异文、地名词异文和方位词异文。

第一节 同义词异文

典籍异文中存在大量同义词替换的现象，因此，典籍异文是研究同义词的重要材料或方法。赵克勤（1994）《古代汉语词汇学》中指出："古人在引用前人著作时常常有同义词替换的情况，这就构成了大量异文。"[①] 郭在贻（2005）《训诂学》在提到俗语词研究的方法时，提出了"据异文以求同义词或近义词"的方法，吴辛丑（2002）《简帛典籍异文与古汉语同义词研究》一文中指出能够证明两词同义的文献语言材料，除了互用、对用、连用之外，还有很重要的一种语料就是典籍异文。因此，进行典籍异文研究就不能不提同义词替换现象。

首先，我们需要明确同义词的含义，目前语言学家们在确定同义词的标准方面意见并不一致，与之相关的概念还有"近义词""等义词"，这三者的界

---

① 赵克勤. 古代汉语词汇学 [M]. 北京：商务印书馆，1994:156.

限十分模糊，标准不好界定。这里采用张永言（2015）在《词汇学简论》一书中给"同义词"下的定义："同义词就是语言词汇里具有一个或几个类似意义的词，这些意义表现同一个概念，但是在补充意义、风格特征、感情色彩以及用法（包括跟其他词的搭配关系）上则有可能有所不同。"① 它具有两个要点：①同义词不包括含义完全相同的等义词；②同义词包括某些意义相近的近义词。笔者认为这种界定是比较科学的，首先，从研究的角度看，意义完全相同的等义词是没有研究价值的；其次，我们把近义词从同义词中划分出去是比较困难的。

下面就《说文·水部》和《汉书·地理志》异文中的"同义词"进行分析。

【潼—驰】

《说文·水部》："潼，水。出广汉梓潼北界，南入垫江。"

《汉书·地理志》："（广汉郡梓潼）五妇山，驰水所出，南入涪，行五百五十里。莽曰子同。"

《说文·水部》"潼水"，《汉书·地理志》作"驰水"。

按：《说文·水部》"潼水"，《汉书·地理志》作"驰水"。"潼水""驰水"名异实同，"潼水"即"驰水"，在四川省梓潼县境内，南流注入垫江，除此之外，此水亦称"梓潼水"。《说文·水部》"潼"下段注："驰水、潼水、梓潼水异名同实。"《水经注·梓潼水》："山为五妇山，又曰五妇候，驰水所出。一曰五妇水，亦曰潼水也。"杨守敬疏：《汉志》梓潼有五妇山，《寰宇记》谓山在梓潼县北十二里。段玉裁谓即今剑州西北五十里之五子山。"

潼水出广汉郡北界之五妇山，东南流经今梓潼县，又经潼川府盐亭县，又至射洪县东南独坐山，入涪江，涪江下流至重庆府之合州县（古垫江）合嘉陵江（古西汉水）。垫江县，1913 年改作合州县，1992 年撤县设市，改名合川市（今为重庆市合川区）。该县因为涪江、嘉陵江、渠江（古潜水）汇合处而得名，而嘉陵江下游经垫江县入长江一段，称为垫江。故"入垫江"与"入涪江"仅为远流与近流之别。"垫"字，段注本作"褺"，据段注，此处当为误字。从语音和意义看，"垫"写作"褺"更为贴切，《汉书·地理志》"巴郡垫江"下颜师古注引孟康音读曰："音重迭之迭。"《说文·衣部》："褺，重衣也。从衣，执声。巴郡有褺江县。"《说文·水部》"潼"下段注："巴郡有褺江县，此县为嘉陵江、渠江、涪江会合之地，水如衣之重复，故曰褺江，其字音迭，浅人乃讹作昏垫之垫。"

---

① 张永言. 词汇学简论（增订本）[M]. 上海：复旦大学出版社，2015：96-97.

"潼水"与"驰水"均因水流特点而得名，在"湍急"这个意义上，"潼"和"驰"为同义词。"潼"与"冲"同。《水经注·河水四》："河在关内南流，潼激关山，因谓之潼关。"《字汇补·水部》："潼，与冲同。杨慎曰：'《通典》潼关本作冲关，言河流所冲也。'今字作潼。"清胡文英《吴下方言考》卷一："宋玉《高唐赋》：'沫潼潼而高厉。'案：潼潼，水撞击声。今谚谓物撞击曰潼潼。""驰水"因水流湍急而得名。《元和郡县图志》卷三十三"射洪县"："县有梓潼水，与涪江合流，急如箭，奔射涪江口，蜀人谓水口曰洪。因名射洪。"明曹学佺《蜀中广记·名胜记·梓潼县》："又云梓潼有鸣湍折碑祠，西临潼水，湍迅激流，俗呼张湍祠，亦呼为石碑祠。"

【泠—清】

《说文·水部》："泠，水。出丹阳宛陵西，北入江。"

《汉书·地理志》："（丹扬郡宛陵）清水西北至芜湖入江。莽曰无宛。"

《说文·水部》"泠水"，《汉书·地理志》作"清水"。

按："清""泠"为同义词，"清水"即"泠水"，今指安徽省东南部青弋江。《玉篇·水部》："泠，清也。"《改并四声篇海·水部》引《玉篇》："泠，水清皃。"《说文·水部》"泠"下徐锴系传："然则清、泠同也。"段注："按：许之泠水，即班之清水……泠水即今宣城县西六十里之青弋江。"清何绍基《重修安徽通志·舆地志》："青弋江，芜湖县东南，即清水也。"

【达—通】

《说文·水部》："菏，菏泽水。在山阳胡陵。《禹贡》：'浮于淮、泗，达于菏。'"

《汉书·地理志》："（山阳郡湖陵）《禹贡》：'浮于淮、泗，通于河。'水在南，莽曰湖陆。"

《说文·水部》"达"，《汉书·地理志》作"通"。

按："菏泽水"当为"菏水"，"泽"为衍文，《汉书·地理志》"河水"即《说文·水部》之"菏水"，此处上文有详细说解，此不做赘述。《说文·水部》"达于菏"，《汉书·地理志》作"通于河"，"达"与"通"为同义词。首先，"通""达"二字常互训。《说文·辵部》："通，达也。"《玉篇·辵部》："达，通也。"其次，"通""达"二字均有到达之义。如《国语·晋语二》："道远难通，望大难走，困往多悔。"韦昭注："通，至也。"《国语·晋语四》："吾曰：'奔而易达，困而有资，休以择利，可以戾也。'"韦昭注："达，至也。"除"到达"义外，二字又都有"畅通""知晓""得志"等义，古有"四通八达""通达"之语，如《礼记·礼器》："君子之人达。"孔颖达疏："达，谓通达。"《子华子·晏子问党》："且齐之为国也，表海而负嵎，轮广隈澳，其涂之所出，四通而八达，游士之所凑也。"

"通"与"达"在文献中常通用。《经籍纂诂·曷韵》："《书·禹贡》'达于河'，《史记·夏本纪》《地理志》作'通于河'。《书·禹贡》'达于淮泗'，《地理志》作'通于淮泗'。《礼记·中庸》'五者天下之达道也'，《汉书·公孙弘传》作'五者天下之通道也'。《书·顾命》'用克达殷集大命'，汉石经'达'作'通'。"

【沔—沮】

《说文·水部》："<u>沔</u>，水。出武都沮县东狼谷，东南入江，或曰入夏水。"

《汉书·地理志》："（武都郡沮）<u>沮水</u>出东狼谷，南至沙羡南入江，过郡五，行四千里，荆州川。"

《说文·水部》"沔水"，《汉书·地理志》作"沮水"。

按："沔水"即"沮水"，是"东汉水"之源。《尚书·禹贡》："（梁州）浮于潜，逾于沔。"孔传："汉上曰沔。"《水经注·沔水》："沔水一名沮水。阚骃曰：'以其初出沮洳然，故曰沮水也。县亦受名焉。'"杨守敬疏："《汉志》'武都郡沮'，'沮水出东狼谷'。《说文》则云：'沔水出武都沮县东狼谷。'（《郡国志》同）《水经》从之。是沔水即沮水，故郦氏释《经》谓：'沔水一名沮水。'然此水实东汉水之别源也。"

汉水源远流长，沔（沮）水是其上源，距离遥远且水流微弱。沔水因初出缅然而得名，而沮水因初出沮洳然而得名。《说文·水部》"沔"下段注："许说沔与《汉志》《水经》同，此汉时汉水之道，与《禹贡》时其源不同，其委则一，常璩云：'始源曰沔。'玉裁谓：汉言其盛，沮与沔皆言其微。沔者，发源缅然之谓。《尚书》《周官》《春秋传》曰汉，汉时曰沮水、曰沔水，是为古今异名。""缅然"表示遥远之义。《文选·陆机〈赴洛诗〉之一》："肆目眇不及，缅然若双潜。"吕向注："缅，远也。"《水经注·卢江水》："庐山之南，有上霄石，高壁缅然，与霄汉连接。""沮洳然"表示低湿之义。《广韵·御韵》："沮，沮洳，渐湿。亦作潲。"《说文通训定声·豫部》："洳，沮潲，迭韵连语，单言曰洳，絫言曰沮洳……《礼记·王制》：'山川沮泽。'释文：'沮，沮洳也。'《诗·魏风·汾沮洳》：'彼汾沮洳，言采其莫。'毛传：'沮洳，其渐洳者。'孔颖达疏：'沮洳，润泽之处。'"故"沮"和"沔"在水流小的意义上为同义词。

对于"沔水"的流入地，《说文·水部》存在两说，一为"江水"，一为"夏水"，而《汉书·地理志》认为流入"江水"，这也存在异文，那么"沔水"当入"江水"还是"夏水"呢？通过查阅相关文献，笔者发现沔水注于江水，它是江水的支流，而夏水亦为江水的支流，出于江水，入于沔水，自江夏郡与沔水合。《说文·水部》"沔"下段注："二水相合，互受通偁，谓沔水入夏，亦无不可。"《水经注·夏水》："（夏水）又东至江夏云杜县，入于沔。应劭《十三州记》曰：江别入沔为夏水，……今按夏水是江流沔，非沔入夏。假使沔注夏，其势西南，非《尚书》又东之文，余亦以为非也。自睹口下沔水，通兼夏目，而会于江，谓之夏沔也。故《春秋左传》称：'吴伐楚，沈尹射奔命夏沔也。'杜预曰：'汉水曲入江，即夏口矣。'"杨守敬引应劭注曰："沔水自江别至南郡华容为夏水。"又"盖沔、夏二水相会，势均力敌，互受通称。入江之处，或称沔口，或称夏口，其明征也。"

第二节　地名词异文

地名是一定范畴的地理实体的名称，它包括行政区划名、山名、水名、名胜古迹名、关隘名、道路名等，是人类长期以来社会实践的产物。地名作为人类活动的缩影和聪明才智的结晶，是一种文化信息的载体。《说文·水部》与《汉书·地理志》异文中有很多地名，就内容而言，这些地名包括郡县名、山名、水名、谷名、泽名等。下面从"行政区划名""山名""水名""谷名、泽名"四个角度展开分析。

一、行政区划名

《说文·水部》与《汉书·地理志》都采用汉平帝元始二年（公元 2 年）疆域政区地理的建制来叙述河流，因此其郡县信息具有很大的一致性，然而二者在记录河流时，却存在大量的郡名、县名、古州名不一致的现象，下面以"相（氏）道""归德（襄德）县"与"涪（符）县"等异文为例说明这一现象。

【相道—氏道】

《说文·水部》："漾，水。出陇西相道，东至武都为汉，从水，羕声。古文从养。"

《汉书·地理志》："（陇西郡氏道）《禹贡》养水所出，至武都为汉，莽曰亭道。"

《说文·水部》"陇西相道"，《汉书·地理志》作"陇西郡氏道"。

按：《说文·水部》"漾水"即《汉书·地理志》之"养水"，对此，上文已有详细说明，此不做赘述。《说文·水部》载漾水出陇西郡相道，《汉书·地理志》"相道"二字作"氐道"。"相道",《说文·水部》各版本"相道""柏道""獂道""桓道"并见。其中，宋本、大徐本作"相道"，小徐本作"柏道"，段注作"獂道"。其实，"相""柏"分别为"桓"的形讹字，"獂"与"桓"为同音字，故《水部》"相道"当指西汉天水郡之"獂道"。《说文·水部》"漾"下钮树玉校录："'柏'当为'桓'之讹，宋本作'相'，盖讹，'桓'音同'獂'。"清田吴照《说文二徐笺异》："师古曰：'獂音桓。'是许书旧当作'桓'，'相'与'柏'皆误字也。"

"道"是少数民族居住的行政单位，与内地之县平级。《汉书·百官公卿表》："有蛮夷曰道。"据《汉志》后序，西汉末年"道"三十二，其中，既有"氐道"，又有"獂道"（北魏改作"桓道"），前者在陇西郡，后者在天水郡。

漾水为汉水之源，陇西郡氐道与天水郡獂道距离较远，故当以"氐道"为是。《水经注·漾水》："许慎、吕忱并言漾水出陇西獂道，东至武都为汉水，不言氐道。然獂道在冀之西北，又隔诸川，无水南入，疑出獂道之为谬矣。"杨守敬疏："郦氏主冀言者，因漾水所出在冀之南，而獂道则在冀之西北，是相去甚远也。"

【归德—襄德】

《说文·水部》："洛，水。出左冯翊归德北夷界中，东南入渭。"

《汉书·地理志》："(左冯翊襄德)《禹贡》北条荆山在南，下有强梁原。洛水东南入渭，雍州薮，苹曰德骥。"

《说文·水部》"左冯翊归德"，《汉书·地理志》作"左冯翊襄德"。

按：此处"洛水"即今北洛河，发源于陕西定边白于山，至大荔县三河口入渭河。[①]《汉书·地理志》"襄德"，一作"怀德"，《汉书·地理志》"襄德"下颜师古注："襄亦怀字。""襄""怀"二字为古今字。"怀德"与"归德"均为县名，西汉置，东汉废，但二者归属地不同，"怀德"隶左冯翊，治今陕西大荔县东南，"归德"隶北地郡，治今甘肃华池西北，辖地有今陕西定边、吴旗等，二地相隔甚远。《汉书·地理志》北地郡归德下亦有"洛水"。其原文为："(北地郡归德)洛水出北蛮夷中，入河。有堵苑、白马苑。"据此，段玉裁认为《水部》"左冯翊"当作"北地"，"入渭"当作"入河"。《说文·水部》"洛"下段注："左冯翊三字当作北地二字，……入河者，入渭以入河也。此揔举其源委也。'左冯翊襄德'下曰：'洛水东南入渭。'此言其入渭之处也，许之例举源地不举委地，然则当云出北地归德无疑矣。"笔者认为段说甚是，北地归

① 王元林.北洛水源头考[J].中国历史地理论丛，2000（4）：171-177.

德当为正洛源，而左冯翊怀德则为洛水下流。《汉书·地理志》在北地郡和左冯翊均有"洛水"，大概是从古书中杂采其说所致。王念孙《读书杂志·汉书七》："《禹贡锥指》曰：'归德下云洛入河，裹德下云入渭，盖杂采古记，故有不同。其曰入河者以二水合流，渭亦可称洛耳。'念孙案：入河二字后人妄加之也。洛水出北蛮夷中记其所出也。洛水东南入渭记其所入也。……（今本北地作左冯翊。案：归德属北地，不属左冯翊，此后人不明地理而妄改之。今正。）"

【涪—符】

《说文·水部》："温，水。出犍为涪，南入黔水。"

《汉书·地理志》："（犍为符）温水南至鳖入黚水，黚水亦南至鳖入江，莽曰符信。"

《说文·水部》"犍为涪"，《汉书·地理志》作"犍为符"。

按：西汉既有涪县亦有符县，但二地隶属地不同，符县属犍为郡，涪县属广汉郡。广汉郡涪县下未见有温水，《说文·水部》"温"下桂馥义证："'涪'当为'符'。"《水经注·延江水》："温水一曰暖水，出犍为符县，而南入黚水。黚水亦出符县，南与温水会，阚骃谓之阚水，俱南入鳖水。鳖水于其县而东注于延水。"杨守敬疏引全祖望注曰："《说文》，温水出涪（当作符）。南入黔水。黔字误，当作黚。然善长所引却不错，盖流俗本之失也。"

【北地—代郡】

《说文·水部》："涞，水。起北地广昌，东入河。从水，来声。并州浸。"

《汉书·地理志》："（代郡广昌）涞水东南至容城入河，过郡三，行五百里，并州寖。莽曰广屏。"

《说文·水部》"北地广昌"，《汉书·地理志》作"代郡广昌"。

按：涞水当从《汉书·地理志》作出"代郡广昌"，广昌在代郡，不在北地郡，而且距离北地郡甚远，此处可能是因传抄造成的错讹现象。《说文·水部》"涞"下段注："北地当作代郡，代郡广昌，见《前志》。《后志》属中山国。今直隶易州，广昌县县北有广昌故城。"《水经注·巨马河》："巨马河出代郡广昌县涞山。即涞水也，有二源，俱发涞山。东径广昌县故城南，王莽之广屏矣。"杨守敬疏："汉县属代郡，后汉属中山国，魏因，晋复属代郡，后魏废。在今广昌县北。"

【东海—北海】

《说文·水部》："溉，水。出东海桑渎覆甑山，东北入海。一曰灌注也。"

《汉书·地理志》："（北海郡桑犊）覆甑山，溉水所出，东北至都昌入海。"

《说文·水部》"东海"，《汉书·地理志》作"北海"。

按：《说文·水部》"桑渎"当作"桑犊"，"犊"与"渎"为异体字，上文已有详细说明。而《说文·水部》"东海"也当从《汉书·地理志》作"北海"。西汉既有北海郡亦有东海郡。而桑犊县隶北海郡。《说文·水部》"溉"下段注："东当作北，渎当作犊，皆字之误也。北海郡桑犊见《前志》，今山东莱州府潍县有桑犊故城，……今潍县东南四十里溉源山，即覆甑山也。……今溉水自溉源山北流至昌邑县境入海，即东虞河也，亦曰东丹河。"《水经注·巨洋水》："斟亭在溉水东，水出桑犊亭东覆甑山。"杨守敬疏："汉桑犊县属北海郡，后汉废，盖废县为亭也。在今潍县东南三十里。《汉志》：'溉水出覆甑山。'《寰宇记》：'唐改为溉源山，在潍州东南六十里。'《齐乘》谓水即东虞河，今曰东于河，出潍县南山。"

【杜陵—漆】

《说文·水部》："漆，水。出右扶风杜陵岐山，东入渭，一曰入洛"

《汉书·地理志》："（右扶风漆）水在县西，有铁官。莽曰漆治。"

《说文·水部》"右扶风杜陵"，《汉书·地理志》作"漆县"。

按：《说文·水部》"漆水"发源于右扶风杜陵，此处杜陵当作杜阳，汉代杜陵属京兆尹，杜阳属右扶风，《说文·水部》"漆"下段注："此杜陵当作杜阳，今陕西凤翔府麟游县是其地。"段氏以为此处《地理志》"漆县"与《水部》"杜阳县"为远源与近源的关系，其注云："而《前志》'右扶风漆县'下云：'漆水在县西。'以地望准之，盖此漆水出豳地，汉漆县以水为名，西南流至周邠地南，汉杜阳、美阳境而入渭。实出今之邠州，西南流，至麟游、扶风闲入渭也。《大雅》云：'率西水浒。'笺云：'循漆沮水侧。'传又云：'周原，漆沮之闲也。'是此水源委自豳至邠，汉人皆审知形势，今则茫昧难详矣。阚骃《十三州志》云：'漆水出漆县西北，至岐山东北入渭。'正与《毛诗》、传、笺合。许及《水经》云出杜阳岐山者，容举其近源言之。"然而，段氏忽略了一个事实，西晋阚骃时已无杜阳县，杜阳县已并入漆县，故阚骃云漆水出漆县。阚骃说与《水部》一致，而与《地理志》相异。《水经注·漆水》："班固《地理志》云：'漆水在漆县西。'阚骃《十三州志》又云：'漆水出漆县西北岐山，东入渭。'许慎《说文》称：'漆水出右扶风杜阳县。岐山，东入渭，从水，桼声。'"杨守敬疏："晋已无杜阳县，并入漆县，故阚骃可云漆县岐山。"《水经注》认为此水当为漆溪之漆渠。《水经注·漆水》："今有水出杜阳县岐山北漆溪，谓之漆渠，西南流注岐水。"又《水经注·渭水》："雍水又东南流，与杜水合。水出杜阳山。其水南流，谓之杜阳川。东南流，左会漆水，水出杜阳县之漆溪，谓之漆渠。"熊会贞参疏："此即《漆水篇》所谓今有水出杜阳县岐山北漆溪，谓之漆渠者也。”

《汉书·地理志》与《说文·水部》所载"漆水"是两条不同的河流。《地理志》"漆水"发源于右扶风漆县，即今彬县，它是流入泾水的，此水亦名白土川，即今水帘河。清顾祖禹《读史方舆纪要·陕西三》："（白土川）在州西南九里。东北流经白土原及东阳原之西，又东北注于泾水，或谓之漆水。"而《水部》"漆水"即《地理志》之"杜水"。《地理志》："（右扶风杜阳）杜水南入渭。"它发源于杜阳县（今麟游县）之岐山，入渭，即《水经注》之漆渠。因漆水在秦汉多变迁，故人们已经不知其原委。《水经注·漆水》："漆水出扶风杜阳县俞山，东北入于渭。《山海经》曰：'羭次之山，漆水出焉，北流注于渭。盖自北而南矣。'"杨守敬疏："漆水在三代时最著，读《诗》《书》皆称之。自秦、汉已多变迁。故《汉志》但言在漆县西。《说文》云出杜阳岐山者，当得之古《尚书》家旧说。郑笺《毛诗》，已不能详，盖埋灭殆尽矣。作《水经》者，其时已无漆水，但杂采《山海经》《说文》成之。"

【刚邑道—刚氏道】

《说文·水部》："涪，水。出广汉刚邑道徼外，南入汉。"

《汉书·地理志》："（广汉郡刚氏道）涪水出徼外，南至垫江入汉，过郡二，行千六十九里。"

《说文·水部》"广汉郡刚邑道"，《汉书·地理志》作"刚氏道"。

按：《说文·水部》"刚邑道"当从《汉书·地理志》作"刚氏道"，汉广汉郡有三道，分别为"甸氏道""刚氏道""阴平道"。道是少数民族聚居地方的县级行政单位，秦时所设。《汉书·百官公卿表》："列侯所食县曰国，皇太后、皇后、公主所食曰邑，有蛮夷曰道。"西汉时设有三十二道，《地理志》："讫于孝平，凡郡国一百三，县邑千三百一十四，道三十二，侯国二百四十一。"西汉三十二道中，其中名为"氏道"的有广汉郡"甸氏道""刚氏道"，蜀郡"湔氏道"，安定郡"月氏道"。名为"邑道"的有天水郡"戎邑道"。故因名称相近而讹。《水部》"涪"下段注：《郡国志》曰：'广汉属国都尉，领阴平道、甸氏道、刚氏道。'刚氏，此作刚邑，盖误。"

【舞阳—舞阴】

《说文·水部》："潕，水。出南阳舞阳中阳山，入颍。"

《汉书·地理志》："（南阳郡舞阴）中阴山，潕水所出，东至蔡入汝。"

《说文·水部》"南阳舞阳"，《汉书·地理志》作"南阳郡舞阴"。

按：首先，《汉书·地理志》"蔡"上有脱文，当补"上"字，王念孙《读书杂志·汉书第六·地理志》："'蔡'上脱'上'字，上蔡属汝南郡，沛郡有下蔡，故加上。"《水部》入颍，"颍"当从《地理志》作"汝"，《水经注·灈水》："（灈水）又东过上蔡县南，东入汝。"熊会贞参疏："《山海经》《汉志》并作入汝，《说文》则谓入颍，郝懿行云：'盖合汝而入颍也。'颍水径汝阴县、汝水枝津注之，见《水经注》。不知汝水枝津自别汝分出，在郾县东，远在灈水入汝之上，而此下无汝、颍通流之道，则《说文》入颍为入汝之误无疑。"

其次，《说文·水部》"舞阳"当作"舞阴"。西汉既有舞阳县，又有舞阴县，但二者所属地域不同，舞阳县属颍川郡，舞阴县属南阳郡，王念孙《读书杂志·汉书第三·景武昭宣元成功臣表》："《说文》《地理志》《水经》并言灈水出南阳舞阴（今本《说文》讹作'舞阳'，据《汉志》《水经》改）此矦所封在灈水之北，舞水之南，故曰灈阳矦，而其地则属于舞阴也。舞阴与灈水皆在舞水之南（今灈水出南阳府泌阳县东北，汉舞阴故城在泌阳县西北）而舞阳乃在舞水之北（舞阳故城在今舞阳县西）。"

【东海费—泰山郡盖】

《说文·水部》："沂，水。<u>出东海费东</u>，西入泗。从水，斤声。一曰沂水出泰山盖，青州浸。"

《汉书·地理志》："（<u>泰山郡盖</u>）又沂水南至下邳入泗，过郡五，行六百里，青州寖。"

沂水所出之地，《水部》存在两说，一为东海郡费县，一为泰山郡盖县；《地理志》则为"泰山郡盖县"。

按：《说文·水部》杂采诸说，出泰山郡盖县的为沂水无疑，出东海费县东的当为治水。《汉书·地理志》："（泰山郡南武阳）冠石山，治水所出，南至下邳入泗，过郡二，行九百四十里。莽曰桓宣。"治水流经泰山、东海二郡，于东海费县南，注入沂水。《水经注·沂水》："许慎《说文》云：'沂水出东海费县东，西入泗，从水，斤声。'吕忱《字林》亦言是矣。斯水东南所注者沂水，在西，不得言东南趣也，皆为谬矣。"熊会贞参疏："此段有脱误。沂水即治水，治水东南径费城南，《说文》何得云沂出费县东？"

《说文·水部》之所以混淆了二水，盖此处山脉绵延，水流较多所致。《水部》"沂"下段注："许云出东海费东说乖异者，盖沂山即东泰山，是山盘回数县，今沂水出沂水县之雕厓山，即沂山西峰也，又西北接大弁山，即沭水所出也。"

沂水出泰山盖县，南入泗。《水部》"西"当作"南"。据王先谦《汉书补注》，沂水流经泰山郡、琅邪郡、城阳国、东海郡四郡。就地望而言，方向当为南。《水经注·沂水》："沂水出泰山盖县艾山。郑玄云：'出沂山，亦或云临乐山。'……沂水又东径盖县故城南，……沂水又东南径东莞县故城西，……

沂水南径东安县故城东，……沂水又南径阳都县故城东，……沂水又南径临沂县故城东。……沂水又南径开阳县故城东，……又东过襄贲县东，……又南过良城县西，又南过下邳县，西南入于泗。"故其总体流向为南，绝不应为西。

【豫章—荆州】

《说文·水部》："一曰湛水，<u>豫章</u>浸。"

《汉书·地理志》："正南曰<u>荆州</u>，其山曰衡，薮曰云梦，川曰江汉，寖曰颍、湛。"

《说文·水部》："颍，水。出颍川阳城干山，东入淮。从水，顷声。<u>豫州</u>浸。"

《汉书·地理志》："（颍川郡阳城）阳干山，颍水所出，东至下蔡入淮，过郡三，行千五百里，<u>荆州</u>寖。有铁官。"

《说文·水部》以为"湛水""颍水"为"豫章（豫州）浸"，《汉书·地理志》则作"荆州浸"。

按：《汉书·地理志》"正南曰荆州"一文下颜师古注："颍水出阳城阳干山，宜属豫州，许慎又云'湛水，豫州浸'。并未详也。"颜注收录《说文》引文，作"豫州"，颜注所见为唐代《说文》，早于当今所见之宋刻本《说文》，且《集韵》所引《说文》亦作"豫州"，《集韵·赚韵》：《说文》："'没也。……一曰湛水，豫州浸。'"《说文》《汉书》常在最后说明某河在秦代属某州浸，古九州中有豫州，无豫章。据此，《说文》段注本改"豫章"为"豫州"，并注："'州'，各本作'章'，今依《地理志》注、《集韵》所引订正。"豫章郡为秦汉时郡名，属古扬州。

《说文·水部》两处"豫州"，《汉书·地理志》均作"荆州"，这大概是由于各个朝代"九州"划分范围不同造成的，"豫州""荆州"在古书中常会发生错讹，《水部》"颍"下段注：《职方氏》曰：'荆州，其浸颍湛，豫州，其浸波溠。'许颍下、湛下皆曰'豫州浸'，而溠下曰'荆州浸'。此非笔误，盖案地形互易之也。"宋毛晃《禹贡指南》卷二："《尔雅》：'两河闲曰冀州，河南曰豫州，河西曰雍州，汉南曰荆州，江南曰扬州，济河闲曰兖州，济东曰徐州，燕曰幽州，齐曰营州。'郭璞注曰：'此盖商制。'《周礼·职方氏》：'东南曰扬州，正南曰荆州，河南曰豫州，正东曰青州，河东曰兖州，正西曰雍州，东北曰幽州，河内曰冀州，正北曰并州。'"

二、山名

我国山脉众多，各郡县存在着大大小小的山。总体而言，山脉多分布于西部，因为西部地势偏高，河流多发源于高山，往东流，对于这种现象古人早有认识，在《水部》与《地理志》收录的河流中，它们大多数东流，西流的河流很少，这足见古人对山脉的认识和开发是很早的。《水部》与《地理志》共同收录的山名中存在大量的异文，下面以"尧山（鲁山）""高山（石膏山）""鸟鼠山（鸟鼠同穴山）"等异文为例进行具体分析。

【尧山—鲁山】

《说文·水部》："潕，水。出南阳鲁阳尧山，东北入汝。"

《汉书·地理志》："（南阳郡鲁阳）鲁山，潕水所出，东北至定陵入汝。"

《说文·水部》"尧山"，《汉书·地理志》作"鲁山"。

按：南阳郡鲁阳县，既有尧山，亦有鲁山，而尧山在县西，鲁山在县北。据《水经注·潕水》，鲁阳县居鲁山之阳，故因此得名。尧山在县西，《水经注·潕水》："潕水出南阳鲁阳县西之尧山。尧之末孙刘累，以龙食帝孔甲，孔甲又求之，不得，累惧而迁于鲁县，立尧祠于西山，谓之尧山。"

潕水为今沙河，出河南汝州鲁山县西界之尧山，据《汉书·地理志》的体例，在各县下直接描绘河流，而此处先在南阳下云"有鲁山，古鲁县，御龙氏所迁"，后又云"鲁山，潕水所出"，"鲁山"出现了重文，此处较为可疑。其实，"鲁山"是因前文"鲁"字出现太多而造成的误字。《水部》"潕"下段注："盖是尧山传写者，因上文鲁阳、鲁山、鲁县诸鲁字而误耳。"王念孙《读书杂志·汉书六·地理志》："鲁山当为尧山，此涉上文鲁山而误。"

【鸟鼠山—鸟鼠同穴山】

《说文·水部》："渭，水。出陇西首阳渭首亭南谷，东入河。从水，胃声。杜林说《夏书》以为出鸟鼠山，雝州浸也。"

《汉书·地理志》："（陇西郡首阳）《禹贡》鸟鼠同穴山在西南，渭水所出，东至船司空入河，过郡四，行千八百七十里，雍州浸。"

《说文·水部》"鸟鼠山"，《汉书·地理志》作"鸟鼠同穴山"。

按：至于"渭水"源头，《说文·水部》存在两说，一为"渭首亭南谷"，一为"鸟鼠山"。《水经·渭水》："渭水出陇西首阳县渭首亭南鸟鼠山。"郦道元注："渭水出首阳县首阳山渭首亭南谷，山在鸟鼠山西北，此县有高城岭，岭上有城，号渭源城，渭水出焉。三源合注，东北流径首阳县西，与别源合。水出南鸟鼠山渭水谷，《尚书·禹贡》所谓渭出鸟鼠者也。"郦氏认为正源出首阳山，别源出鸟鼠山。

《说文·水部》"渭"下段注："郦依《说文》，故以首阳山南谷与鸟鼠山为二，以今《地志》言之，皆在渭源县西，相距甚近。"不少学者利用现代技术来推之渭源，发现《水经注》之三源合注，指从南边来发源于堑堑山的清河源，从西边来发源于韩家山的龙王沟，从北边来发源于关山的唐家河。三河沟在县城汇流后向东南流，始为渭河。很多学者根据"源头惟长惟远"以及《水经注》推断龙王沟旁的韩家山即鸟鼠山。而关于渭水较早记载，《禹贡》未说明鸟鼠同穴山是在源头还是上源，《水部》兼存两说，《地理志》认为渭水的源头当是鸟鼠同穴山。《水经注》认为是首阳县首阳山渭首亭南谷。《水经注》是南北朝时期的作品，其成书年代晚于前几部文献。据此可以看出鸟鼠同穴山当为正流，而首阳山应为别流，《水经注》错乱了正流与别流的关系，而后世著作多据之。

郦道元认为鸟鼠山是同穴枝峰的枝干，故"鸟鼠同穴山"即"鸟鼠"和"同穴"二山。其实，"鸟鼠山"当为"鸟鼠同穴山"的省略。《水经注·渭水》："鸟鼠山，同穴之枝干也。渭水出其中，东北过同穴枝闲，既言其过，明非一山也。"熊会贞参疏："《山水泽地》注引郑玄曰：'鸟鼠之山，有鸟焉，与鼠飞行而处之，又有止而同穴之山焉。'是以为二山，与《地说》同。然鸟鼠同穴实一山，故《禹贡》连举之。《淮南》《汉志》等书皆从之，其单称鸟鼠者，乃省文耳。"至于鸟鼠同穴山的命名之由，《尔雅·释鸟》："鸟鼠同穴，其鸟为鵌，其鼠为鼵。"郭璞注："鼵如人家鼠而短尾，鵌似鵽而小，黄黑色，穴入地三四尺，鼠在内，鸟在外，今在陇西首阳县鸟鼠同穴山中。孔氏《尚书传》云：'共为雌雄。'张氏《地理记》云：'不为牝牡。'"《水经注·浙江水》："鸟鼠同穴山在陇西首阳县西南。……杜彦达曰：'同穴止宿，养子互相哺食，长大乃止。'张晏言不相为牝牡，故因以名山。"杨守敬引朱谋㙔注曰："沈约《宋书》，沙州甘谷岭北，有雀鼠同穴，或在山岭，或在平地。雀色白，鼠色黄，地生黄紫花草，便有雀鼠穴。此虽非本注，存之以广异闻。"

其实，鸟鼠同穴的现象在我国比较干旱的草原荒漠地区十分常见，因为干旱地区植被稀薄，无枝可巢，鸟类出没于现成的鼠洞，可以避免风雨寒热等恶劣天气，也可以避免天敌的伤害。这是一种"同穴止宿"的自然现象，《禹贡》成书于战国时期，因时代的局限性，人们对广袤的草原荒漠地区缺乏足够的认识，所以在陇西郡渭河附近发现鸟鼠同穴现象时，便作为奇观而传扬于世，并以此名山，加载史册。

【晋阳山--北山】

《说文·水部》："汾，水。出太原晋阳山，西南入河。从水，分声。或曰出汾阳北山，冀州浸。"

《汉书·地理志》:"(太原郡汾阳)北山,汾水所出,西南至汾阴入河,过郡二,行千三百四十里,冀州浸。"

汾水所出之地,《说文·水部》存在两说,一为"晋阳山",一为"北山";《汉书·地理志》则为"北山"。

按:《汉书·地理志》载汾水出太原郡汾阳县北山,在晋阳下亦收录"晋水",其原文为:"(太原郡晋阳)龙山在西北,有铁官。晋水所出,东入汾。"《说文·水部》"汾"下段注:"许云出晋阳山,与《志》《水经》不合者,《志》《水经》举其远源,许举其近源也。汾出管涔山东南,过晋阳县东,晋水从县南东流注之,许意谓晋水即汾水之源。所谓晋阳山者,盖即县瓮山,在今太原县西南十里,晋水所出也。"

下面梳理一下汾水的源流情况。《山海经》与《水经注》都认为汾水发源于管涔山,管涔山在汾阳县北,即《地理志》之北山。"北山"应该不是确指山名,而是指北面的山,《地理志》只"北山"就有三处,除了此处之外,河内共县有北山,汉中旬阳县有北山。《元和郡县图志》卷十四"河东道":"管涔山,在(静乐)县北一百三十里。汾水源出焉。"唐静乐县即汉汾阳县。"管涔山"的"管",《太平寰宇记》卷四十一曰"菅",云:"其山多菅草,或以为名。"《山海经·北山经》:"北次山二经之首,在河之东,其首枕汾,其名曰管涔之山,其上无木而多草,其下多玉,汾水出焉,而西流注于河。"《水经注·汾水》:"汾水出太原汾阳县北管涔山。……汾水又南,径汾阳县故城东。……东南过晋阳县东,晋水从县南,东流注之。"又《水经注·晋水》:"晋水出晋阳县西悬瓮山。……东过其县南,又东入于汾水。"

故晋水为汾水支流,不应作为汾水的起源之地,《水部》既载其起源之地,又载其支流的起源之地,兼采两说。

【西山—北山】

《说文·水部》:"淇,水。出河内北山,东入河,或曰出隆虑西山。"

《汉书·地理志》:"(河内郡共)北山,淇水所出,东至蔡阳入河。"

淇水所出之地,《说文·水部》存在两说,一为"河内北山",一为"隆虑西山";《汉书·地理志》则为"河内北山"。

按:河内共县北山,又名大号山、沮洳山。《水经注·淇水》:"淇水出河内隆虑县西大号山。《山海经》曰:'淇水出沮洳山。'"杨守敬疏:"《水经》则本《淮南》,淇出大号,而郦氏引《山海经》,淇出沮洳。据郭璞云:'今淇水出隆虑大号山,是沮洳即大号审矣。'高诱云:'大号山在河内共县北,或曰在临虑西。'考汉时共县之北,临虑之西,地虽辽阔,并无他县在其间。今辉县即共县，林县即临虑县，仍是接壤。是临虑之西山，即共县之北山，高说确凿可据。故郦氏后叙淇水径黎阳县入河，即引《地理志》曰：'淇水出共，东至黎阳入河。'以见《汉志》与《山海经》《淮南》诸书同也。《地形志》：'王莽岭源河东流为淇，盖亦山之异名矣。今水出陵川县东山。'"

共县北山与隆虑县西山都在河内郡，但非一山也，二者相隔甚远。隆虑西山即隆虑山，又名林虑山，因避东汉殇帝讳而改，《元和郡县图志》"相州林虑县"："林虑山，在县西二十里，山多铁……南接太行，北连恒岳。"《汉书·地理志》"淇水"下王先谦补注："隆虑、共相距颇远，非一山二名，故道元《淇水注》亦不下己意。……许氏兼采二说，实则大号之源为正也。"故淇水当发源于河内北山。

【中阳山—中阴山】

《说文·水部》："瀙，水。出南阳舞阳<u>中阳山</u>，入颍。"

《汉书·地理志》："（南阳郡舞阴）<u>中阴山</u>，瀙水所出，东至蔡入汝。"

《说文·水部》"中阳山"，《汉书·地理志》作"中阴山"。

按：《说文·水部》"瀙"下段注："《水经》曰：'瀙水出潕阴县东上界山，东过吴房县南，又东过灈阳县南，又东过上蔡县南，东入于汝。'郦云：'《山海经》谓之视水。郭注视当为瀙，出葴山。许慎云出中阳山，皆山之殊目也。'按：《志》云中阴，许云中阳，乖异，虽郦注引作阳，然中阴二字，正葴之反语，与《中山经》云出葴山者合，疑作阴是也。"

三、水名

河流对汉民族甚至整个人类的生产、生活都具有重大作用，它们不仅给人们提供了重要的物质资源，促进了经济、政治、文化、军事的发展，还给人们带来了宝贵的精神财富，有了它们，便有了人类文明，这是河流对人类的影响。人类对河流也是有影响的，如水流的命名，人们或直陈其方位，或描述其相对位置，或描述其特点等。总之，水名是人类社会文化最直观的反映。水名最基本的功能是方便人们称说，记录历史事件，研究水名的历史也就是研究人类自己的历史。《水部》与《地理志》有大量的水名存在异文，产生水名异文的原因是多方面的，或者是同水异称，或者是把此水混作彼水，或者是文字方面的讹误，等等。

【汳水—卞水】【雝水—获水】【阴沟—狼汤渠】

《说文·水部》："<u>汳</u>，水。受陈留浚仪<u>阴沟</u>，至蒙为<u>雝</u>水，东入于泗。"

《汉书·地理志》："（河南郡荥阳）<u>卞</u>水、冯池皆在西南。有<u>狼汤渠</u>，首受沛，东南至陈入颍。"

《汉书·地理志》："（梁国蒙）获水首受甾获渠，东北至彭城入泗，过郡五，行五百五十里。"

《说文·水部》"阴沟水""汳水""雝水"，《汉书·地理志》作"浪荡渠""卞水""获水"。

按：据《水经注·汳水》，"阴沟"即"蒗荡渠"，"蒗荡"，戴震改《水经》《水经注》"荡"作"蕩"，故"蒗荡"作"蒗蕩"，《寰宇记》襄邑县引《水经注》作"蒗荡"，此外，《说文》"過"下作"浪汤"，《地理志》作"狼汤"，又《括地志》作"莨荡"，《元和郡县图志》作"莨宕"。"蒗荡""蒗蕩""浪汤""狼汤""莨荡""莨宕"为同音词，可相互借用。"狼汤渠"，据《地理志》，它发源于河南荥阳县北，先后受沛水、鲁渠水、濄水，东南于淮阳陈县入颍水。《地理志》无"阴沟水"，但载淮阳扶沟之"涡水"，《汉书·地理志》："（淮阳国扶沟）涡水首受①狼汤渠，东至向入淮，过郡三，行千里。""涡水"，《水经》作"過水"，并认为阴沟水为過水之上源，《水经注·阴沟水》："阴沟水出河南阳武县蒗荡渠。阴沟首受大河于卷县，故渎东南径卷县故城南，又东径蒙城北。……东南至大梁，合蒗荡渠。梁沟既开，蒗荡渠故渎实兼阴沟、浚仪之称，故云出阳武矣。……阴沟始乱蒗蕩，终别于沙而過水出焉。"梁沟即鸿沟，西汉时称狼汤渠，魏晋后开封以上改称汳水，以下称蔡河。鸿沟，战国魏安王所凿，自荥阳北引黄河水，东流入甫田泽，然后向东绕过大梁，南折经陈县，入于颍水。据《史记·河渠书》记载，鸿沟与济、汝、淮、泗相接。阴沟水与浪荡渠于大梁相合，故大梁，即陈留浚仪县，故《水部》之"阴沟"即《地理志》之"狼汤渠"。

《说文·水部》"汳水"，《汉书·地理志》作"卞水"，《后汉书·明帝纪》作"汴水"。"汴"为"汳"的俗字，为"卞"的分化字。《集韵·线韵》："汳，……或从卞。"宋佚名《附释文互注礼部韵略·线韵》："汴，亦作汳。"古人的避讳常带有统治者的主观愿望，因"汳"字从反，恐民反，故改声符"反"作"卞"。《说文·水部》"汳"下段注："变汳为汴，未知起于何代，恐是魏晋都雒阳，恶其从反而改之。"清顾炎武《音论·反切之名》："反切之名，自南北朝以上皆谓之反，孙愐《唐韵》则谓之切，盖当时讳'反'字。……而《水经》《说文》'汳'字唐人亦改作'汴'，'饭'字亦或为'飰'。"

---

① 后文"句用层面的异文研究"一章笔者研究了"首受"的用法，结论为"受/首受"之后的河流分出"受/首受"之前的河流，"受/首受"之前的河流则发源于"受/首受"之后的河流。"涡水首受狼汤渠"即"涡水"从"狼汤渠"中分出，那么狼汤渠为涡水的上源。

"窅获水""获水"均为"汳水"在不同河段的称呼，汳水至陈留郡济阳考城县故城南为菑获渠，至梁郡蒙县为获水。《水经注·汳水》："又东，汳水出焉。故《经》云：'汳出阴沟于浚仪县北也。'汳水东径仓垣城南，即大梁之仓垣亭也。……汳水又东径济阳考城县故城南，为菑获渠。……东至梁郡蒙县为获水，余波南入睢阳城中。""获水"，《水部》大徐本作"雎水"，小徐本"雎"作"灉"，《水经注·获水》"东至梁郡蒙县为获水"下杨守敬疏："朱（谋㙔）'获'讹'灉'，赵（一清）改"睢"，戴（震）改'获'云：'考后获水出汳水于梁郡蒙县北，而睢水出梁郡鄢县。可证此乃获水甚明。'"据后文及《地理志》，睢水出自狼汤渠，自陈留东径雍丘、襄邑、宁陵、鄢县、取虑等县，于下相县古城南入泗水，与"汳水"相隔很近，且古代"汳水"与"睢水"相通。《水经注·汳水》："汳水又东径雍丘县故城北，径阳乐城南。……汳水又东，有故渠出焉，南通睢水，谓之董生决，或言，董氏作乱，引水南通睢水，故斯水受名焉。今无水。……汳水又径外黄县南，又东径莠仓城北。"故"汳水"与"睢水"相通之处当在"雍丘县"与"外黄县"之间，而与"获水"的发源地"菑获渠"的起点"济阳郡"位置相近。而"灉"与"灉"因形体相近而讹。而此水本当作"获水"。

【淹水—绳水】

《说文·水部》："淹，水。出越巂徼外，东入若水。"

《汉书·地理志》："（越巂郡遂久）绳水出徼外，东至僰道入江，过郡二，行千四百里。"

《汉书·地理志》："（蜀郡旄牛）若水亦出徼外，南至大莋入绳，过郡二，行千六百里。"

《说文·水部》"淹水"，《汉书·地理志》作"绳水"。

按：绳水、淹水，皆指今金沙江。绳水为金沙江的通称，淹水为金沙江上源，即与若水（今雅砻江）合流之前的绳水。金沙江，又有"泸水"与"马湖江"之称，它们分别为金沙江的中流与下流，[1] 宋代因河中出现大量沙石，故而改称金沙江。

"淹水"与"绳水"均出于越巂郡遂久县，淹水至大莋入若水，而绳水自若水下仍称绳水，至僰道入江水。《水经注·淹水》："淹水出越巂遂久县徼外，……东南至蜻蛉县，……又东过姑复县南，东入于若水。"又《若水》："若水出蜀郡旄牛徼外，……又径越巂大莋县入绳。绳水出徼外。……其一水，南

---

① 陈桥驿.《水经·江水注》研究 [J]. 杭州大学学报，1984（3）：109-115.

径旄牛道，至大莋，与若水合，自下亦通谓之为绳水矣。……直南至会无县，淹水东南流注之。"

据《水经注》，看似"绳水""淹水"为两条独立的河道，其实不然，这涉及"绳水"与"若水"谁为正流的问题，《地理志》以绳水为正流，故统称绳水，把"淹水""绳水"不加区别，《地理志》亦有"若水"，云："（蜀郡旄牛）若水亦出徼外，南至大莋入绳，过郡二，行千六百里。"而《说文》及《水经注》以若水为正流，故有"淹水"之名，淹水东入于若水，若水于大莋县入绳水。汉代有会无县，为"淹水""若水""孙水"等众多河流汇合处，会无县，唐代改作会川县，清代改为会理县，取其"川原并会，为其所理"之义。对此，郦氏《水经注》早有记载："若水至僰道县，又谓之马湖江，绳水、泸水、孙水、淹水、大渡水随决入而纳通称，是以诸书录记群水，或言入若，又言注绳，亦或言至僰道入江，正是异水沿注，通为一津，更无别川可以当之。"

因"渑"与"绳"音近，故又可作"渑水"，而"淹"是"渑"的形近讹字。《洪武正韵·庚韵》："绳，……又水名，与渑同。"《春秋左传异文释》卷八："《昭十二年传》：'有酒如渑。'《水经·淄水注》引作如绳。渑、绳音同字变耳。"又《水经注·淹水》："淹水出越巂遂久县徼外。"杨守敬疏："《山海（《海内》）经》：'有巴遂山，绳水出焉。'《汉志》：'（越巂郡遂久）绳水出徼外。'《说文》则作'淹水'，此《经》同，盖因字形近而传写者异。"

【濕水—漯水】

《说文·水部》："濕，水。出东郡东武阳，入海。从水，㬎声。桑钦云：出平原高唐。"

《汉书·地理志》："（东郡东武阳）禹治漯水，东北至千乘入海，过郡三，行千二十里。莽曰武昌。"

《汉书·地理志》："（平原郡高唐）桑钦言漯水所出。"

《说文·水部》"濕水"，《汉书·地理志》作"漯水"。

按：《说文·水部》"濕水"即《汉书·地理志》之"漯水"。"漯"为"濕"的省形讹字，此在前文中有详细叙述，此不做赘述。《汉书·地理志》"东武阳县"下应劭注："武水之阳也。"称"漯水"为"武水"，《水经注·河水》："又有漯水出焉，戴延之谓之武水也。"

以上涉及两个问题，第一，此水的得名之源是什么？"武水"与"漯水"有何关联？第二，此水的发源地在哪，是东郡东武阳，还是平原郡高唐？下面就这两个方面进行说明。

　　首先，"漯水"和"武水"为一水在不同时期的两个称谓。早期作"漯水"，《尚书·禹贡》："浮于济、漯，达于河。"而"武水"之名始于西汉，东武阳县的名称更是在"武水"之后。古时漯水为黄河的重要支流之一，《史记·河渠书》与《汉书·沟洫志》记载了黄河曾有两次一分为二的史实，一为"乃厮二渠以引其河"，此为大禹治水使然。对此，《史记·河渠书》有详细记载，其原文为："然河菑衍溢，害中国也尤甚。唯是为务。……于是禹以为河所从来者高，水湍悍，难以行平地，数为败，乃厮二渠以引其河。"裴骃集解："《汉书音义》曰：'厮，分也。'二渠，其一出贝丘西南二折者也，其一则漯川。""漯川"即"漯水"。一为"而道河北行而渠"，此为汉武帝塞瓠子决口后所致。《史记·河渠书》亦有记载，云："其后四十有余年，今天子元光之中，而河决于瓠子，东南注巨野，通于淮、泗。于是天子使汲黯、郑当时兴人徒塞之，辄复坏。……于是卒塞瓠子，筑宫其上，名曰宣房宫。而道河北行而渠，梁楚之地复宁，无水灾。"自塞瓠子决口，河行漯水期间，漯水的水量、长度、深浅均发生了变化，因汉武帝治水有功，人们以汉武帝的谥号给此水命名，汉武帝塞瓠子后形成的河道叫武水。而此后黄河又决水于馆陶，形成屯氏河，武水发生了变化，至少自东武阳县至瓠子入河口那段河道被废弃，故武水逐渐不被人熟知。

　　其次，《说文·水部》与《汉书·地理志》均记载了"漯水"的两处发源地，一为东郡东武阳，一为平原郡高唐，后者取自桑钦之言。那么这两地有什么关系呢？我们先看一下漯水的流经地域，《地理志》记载"过郡三"，清洪颐煊《汉志水道疏证》和段玉裁《说文解字注》认为"漯水"流经"东郡""平原郡""千乘郡"三郡，王先谦《汉书补注》又加上"济南郡"，认为"漯水"流经四郡。对此，《水经注·河水》有记载，《水经注》对于"漯水"的记载与《地理志》的大致方位上是相同的，对我们研究"漯水"流经河流数有一定的参考作用，其原文为："河水于县，漯水注之，《地理志》曰：'漯水出东武阳。'今漯水上承河水于武阳县东南，西北径武阳新城东，……水自城东北，径东武阳县故城南，……又北径阳平县故城东，又东北，径乐平县故城东，……漯水又北，径聊城县故城西，漯水又东北，径清河县（甘陵县）故城北，……又东北，径博平县故城南，……漯水又东北，径援县故城西，……漯水又东北，径高唐县故城东，……漯水又东北，径漯阴县故城北，……漯水又东北，径著县故城南，……漯水又东北，径东朝阳县故城南，……漯水又东，径邹平县故城北，……又东北，径建信县故城北，……漯水又东北，径千乘县二城间，……东西八十里，南北三十里，乱河枝流而入于海。"其中，东武阳县、阳平县、博平县和聊城县属西汉东郡；甘陵县属西汉清河郡；高唐县、漯阴县属西汉平原郡；著县、东朝阳县和邹平县属西汉济南郡，千乘县属西汉千乘郡。《水经注》属于南北朝时期的作品，可见此时"漯水"共流经东郡、清河郡、平原郡、济南郡、千乘郡五郡。其中，"甘陵县"本名"厝县"，秦治，汉安帝父孝德皇，以太子被废为王，薨于此，乃葬其地，尊陵曰甘陵，县亦取名焉。晋改"甘陵县"为"清河县"。《地理志》时"甘陵县"称"厝县"，未见有河流流经厝县，可见，东汉时漯水是未流经清河郡的。漯水的流向为东北流向，可见"平原高唐"在"东郡东武阳"东北，之所以有两说，是因为东汉时漯水在高唐附近流入后又流出河水，即高唐以西，漯水在北，河水在南，而高唐以东，漯水在南，河水在北。因此桑钦是记载的漯水的另一段支流。段玉裁在《说文·水部》"漯"字下注云："桑氏所言盖津流所出，次于是闲也。"《水经注·河水》"俗以是水上承于河，亦谓之源河矣。"杨守敬疏引赵一清注云：《禹贡锥指》曰：'源河乃漯之再出者。桑钦惟知出此，而不知起东武阳，则疏矣。河既与漯合，复分为二，漯由漯阴县故城北，河由平原县故城东，盖自高唐以西至武阳，河在南而漯在北，自高唐以东至海，则漯在南而河在北矣。'"

【濮水—濮渠水】

《说文·水部》："濮，水。出东郡濮阳，南入巨野。"

《汉书·地理志》："（陈留郡封丘）濮渠水首受沛，东北至都关，入羊里水，过郡三，行六百三十里。"

《说文·水部》"濮水"，《汉书·地理志》作"濮渠水"。

按：濮水，历史上多有记载，然而其流经地域多有不同，如《左传·哀公二十七年》："〔齐师〕及濮，雨，不涉。"杜预注："濮水自陈留酸枣县傍河，东北经济阴至高平入济。"《左传》所载与《水部》《地理志》亦存在差异，这与"瓠子决堤"事件相关，汉武帝元光三年（前132年）五月，黄河在濮阳瓠子决口，决堤之水流向东南，经巨野泽，由泗水入淮河，后来又折北经梁山西、阳谷东南，至阿城镇东，再折东北经茌平南，东流注入济水。河水泛滥淮泗流域，十六郡被湮没，历史上多有记载，《汉书·武帝纪》："河水决濮水，犯郡十六。"《史记·河渠书》："河决于瓠子，东南注巨野，通于淮、泗。"

《说文·水部》所载"濮水"即河水决堤后的"瓠子河"。而此水即《地理志》之"羊里水"。因瓠子河流经羊里亭，故名。《水经注·瓠子河》："瓠子河出东郡濮阳县北河。"熊会贞笺疏：《汉志》封丘，濮渠水首受沛，东北至都关，入羊里水，而不载羊里水源。据此注，羊里水即瓠子河之别称。考

《史记·河渠书》:'河决瓠子。'集解:'瓒曰,所决河名。'《汉书·武帝纪》:'元光三年,河水决濮阳,是濮阳为瓠子河所出。'此《经》云云,可补《汉志》之阙。"又《水经注·瓠子河》:"县有羊里亭,瓠河径其南为羊里水,盖资城地而变名。"熊会贞笺疏:《汉志》之羊里水,非瓠河不足以当之。本瓠河而又名羊里者,因径羊里亭,以亭名为水名也。此郦氏释羊里水之文。"故《水部》"濮水"为《地理志》"羊里水"无疑。

由于各个朝代水流大小不同,濮水的范围不限于从陈留郡封丘至羊里河,《说文》之"濮水"也可以说与《地理志》之"濮渠水"为同一条水流。《水经注·济水》:"濮渠又东,分为二渎,北濮出焉。濮渠又东,径须城北,……濮渠又北,径襄邱亭南。……濮水又东,径濮阳县故城南。……濮水又东,径济阴。……濮水又东,径葭密县故城北。……濮水又东北,径鹿城南。……濮水又东,与句渎合,……又东,入乘氏县,左会贞濮水,与济同入巨野。故《地理志》曰:'濮水自濮阳南入巨野。'"杨守敬疏:"《汉志》濮阳,颜注引应劭曰:'濮水南入巨野。'故赵氏以此为应劭说,非班固元文。濮阳之濮水,即自封邱之濮水分出,此注以入巨野者为正流,《瓠子注》以入羊里者为枝津,当因水之大小为说。汉时水之大小,与后世盖相反,故班氏只载入羊里之水,而不载入巨野之水。"

四、谷名、泽名

谷指的是两山之间的水流,泽指的是水聚汇处,《水部》与《地理志》存在大量的谷名和泽名,其中也有很多存在异文的地方,下面以"大要谷(大黾谷)""白陉谷(白陆谷)""黄泽(内黄泽)"为例来具体说明。

【大要谷—大黾谷】

《说文·水部》:"清漳出沾山大要谷,北入河。"

《汉书·地理志》:"(上党郡沾)大黾谷,清漳水所出,东北至邑成入大河,过郡五,行千六百八十里,冀州川。"

《说文·水部》"大要谷",《汉书·地理志》作"大黾谷"。

按:"要"与"黾"本作"覂","覂"为"要"的古字,今作"要",而"黾"为"覂"的形近讹字。覂,据王念孙《读书杂志》,当读要领之要,谓谷之中广者。《地理志》:"(北地郡)县十九……大覂,廉。"颜师古注:"覂,即古要字也。"后代文献多沿用此误。如《古今韵会举要》《禹贡指南》等。

【白陉谷—白陆谷】

《说文·水部》:"一曰滋水,出牛饮山白陉谷,东入呼沱。"

《汉书·地理志》："（常山郡南行唐）牛饮山白陆谷，滋水所出，东至新市入滹池。都尉治。莽曰延亿。"

《说文·水部》"白陉谷"，《汉书·地理志》作"白陆谷"。

按："陆"当为"陉"的形近讹字。"陉"的构件"巠"又讹作"坙"，后又俗作"巠""坙""坙""至"，与"坴"形体相近。"陉"表示山脉中断的地方，古代有"白陉"，在关陉附近大都有河谷狭口，故有"白陉谷"一词。王念孙《读书杂志·汉书第六·地理志》："作'陉'者是也。《尔雅》曰：'山绝，陉。'考河北八陉有白陉之目（见《元和郡县志》引《述征记》），与此'白陉谷'义相近也。若作'白陆谷'，则义无所取，盖俗书'陉'字作陉，与'陆'相似而误。"

【黄泽—内黄泽】

《说文·水部》："荡，水。出河内荡阴，东至黄泽。"

《汉书·地理志》："（河内郡荡阴）荡水东至内黄泽。"

《说文·水部》"黄泽"，《汉书·地理志》作"内黄泽"。

按：《说文·水部》"荡"下段注："《前志》'荡阴'下曰：'荡水东至内黄入黄泽。'今本夺'入黄'二字。"《汉书·地理志》"荡水"下王先谦补注："此文本作荡水东至内黄入黄泽。"《水经注·荡水》："荡水出河内荡阴县西山东。……东北至内黄县，入于黄泽。"

按照《汉书·地理志》的体例，"至"的后面应为地名，而"入"的后面应为水名、泽名、池名等。因此"至内黄泽"从外在形式上看就是不妥的。且《汉书·地理志》"河内郡荡阴"下除"荡水"外，另有"羑水"，其原文为："西山，羑水所出，亦至内黄入荡。"与之对应，可见至的地方当为"内黄"，"内黄"与"泽"之间有脱文。西汉内黄县属魏郡，《地理志》注"魏郡内黄"下引应劭曰："今黄泽在西。"《水经注·淇水》："白沟又北，左合荡水，又东北流，径内黄县故城南。县右对黄泽，《郡国志》曰：'县有黄泽者也。'"杨守敬疏：《汉志》内黄，黄泽在县西，则泽在县之右矣。《沟洫志》：'内黄界中有泽，方四十里。'《元和志》：'黄泽在内黄县西北五里。'《方舆纪要》：'旧时泽广数里，有堤环之，曰黄泽堤，今堙废。内黄城西北二十里有孟家潭，或以为即故黄泽也。'"

第三节　方位词异文

"方位词"是指汉语中的一类以方位义为核心语义、用来表达汉语空间关系的专职词语。其中，方位义是一种抽象的概念，它来源于人们对物理世界中空间的认识。在日常生产实践中，对于无形态标志的物理空间，人们无法对其进行直接描述，只能借助参照物，才能把物理空间的空间属性提取出来，方位义的核心特征是参照定位。①

人们对空间方位的认识不是短时间内完成的，而是经过长期的社会实践逐步抽象出来的。刚开始人们以太阳为参照物，逐渐产生了一系列的方位语义，单音节的有"南""北""东""西"，双音节的有"东南""东北""西南""西北"，后者是比前者更加精细化的结果。在具体的使用环境中，方位词主要表达空间关系的两个方面，一为方向，一为位置。在表达位置时，方位词需要与其他词语组合起来才能最终实现这一功能。《水部》与《地理志》异文中存在着大量的方位词异文，而方位词作为研究古代历史地理的要素，它是具体的、精确的。研究《水部》与《地理志》的方位词异文，可以使我们更好地了解古书，更好地了解古代历史地理。

【东北—东南】

《说文·水部》："沅，水。出牂牁故且兰，东北入江。"

《汉书·地理志》："（牂牁郡故且兰）沅水东南至益阳入江，过郡二，行二千五百三十里。"

《说文·水部》"东北"，《汉书·地理志》作"东南"。

按：沅水发源于牂牁郡故且兰，流经牂牁郡、武陵郡、长沙国，于长沙下隽县入江，从方位上看，当作"东北"。《说文·水部》"沅"下段注："益阳属长沙国。《汉志》'东南'，以地望准之，当从《说文》作'东北'。过郡二，当作三，谓牂牁、武陵、长沙国也。《水经》曰：'沅水，出牂牁故且兰县，为旁沟水。又东至镡成县为沅水，东过无阳县，又东北过临沅县南，又东至长沙下隽县西北，入于江。'"其流向当作"东北"。

---

① 林晓恒. 中古汉语方位词研究 [M]. 北京：中央民族大学出版社，2011：30-32.

【东—北】

《说文·水部》："潍，水。出琅邪箕屋山，<u>东</u>入海，徐州浸。《夏书》曰：'潍、淄其道。'"

《汉书·地理志》："（琅邪郡箕）《禹贡》潍水<u>北</u>至都昌入海，过郡三，行五百二十里，兖州寖也。"

《说文·水部》"东"，《汉书·地理志》作"北"。

按：潍水发源于琅邪郡箕县，流经琅邪郡、高密国、北海郡，于北海郡都昌入海，其方向当作北。《水经注·潍水》："许慎、吕忱云：'潍水出箕屋山。'《淮南子》曰：'潍水出覆舟山。'盖广异名也。东北径箕县故城西，……东北过东武县西，……又北过平昌县东，……又北过高密县西，……又北过淳于县东，……又东北过都昌县东，……又东北入于海。"其流向当作"北"。

【东—西】

《说文·水部》："浿，水。出乐浪镂方，<u>东</u>入海。从水，贝声，一曰出浿水县。"

《汉书·地理志》："（乐浪郡浿水）水<u>西</u>至增地入海。莽曰乐鲜亭。"

《说文·水部》"东入海"，《汉书·地理志》为"西至增地入海"。

按：《汉书·地理志》载浿水出乐浪郡浿水，至增地入海，其方向为西。而《说文·水部》载浿水出乐浪郡镂方，东入海，其方向为东。此外又载出浿水县。《水经》述"浿水"仅18字："浿水出乐浪镂方县，东南过临浿县，东入于海。"赵一清注："两《汉志》《晋志》《魏志》《隋》《五代志》俱无临浿县，未知从何得名？此卷中之大可疑者。"杨守敬疏："《水经》，三国时人作，临浿县当是曹魏所置，旋废，故郦氏注亦不详临浿。""临浿"县名不见于正史，故无从考据。《水经注·浿水》："《十三州志》曰：'浿水县在乐浪东北，镂方县在郡东，盖出其县南径镂方也。'……其水西流，径故乐浪朝鲜县，即乐浪郡治，汉武帝置。"

《水经》对于"浿水"的记载来源于《说文》，并随《说文》而误。其所以致误之由，因中原大水如江、淮、河、济，均由西向东流，东入海。而不知朝鲜半岛地形，东有摩天岭山脉、狼林山脉、大白山脉等之阻，境内大水均由东向西流向，西入海。《说文》与《水经》作者，既未经实地考察，又无可靠地图，以中原况东陲，宜有此误。[1]

---

[1] 陈桥驿.《水经·浿水篇》笺校——兼考中国古籍记载的朝鲜河川[J],韩国研究,1995(2):52-66.

【东南—南 】

《说文·水部》："沔，水。出武都沮县东狼谷，<u>东南</u>入江，或曰入夏水。"

《汉书·地理志》："（武都郡沮）沮水出东狼谷，<u>南</u>至沙羡南入江，过郡五，行四千里，荆州川。"

《说文·水部》"沔水"即《汉书·地理志》之"沮水"，此前文已述，《说文·水部》载其"东南"入江，《汉书·地理志》作"南"入江。

按：沔水流经五郡，分别为：武都郡、汉中郡、南阳郡、南郡、江夏郡。就地望而言，"东南"更加精准。且《汉书·地理志》"南至沙羡南"后一个"南"字可以有两种理解，一为南至沙羡县，南入江。此处"南"为入江的方向。一为南至沙羡县的南面，随后入江。《说文·水部》"沔"下桂馥义证："《水经》沔水出武都沮县东狼谷中，东南径江夏云杜县东，夏水从西来注之，又南至江夏沙羡县北南入于江。"可见此处"南"当指入江的方向。

【东北—北 】

《说文·水部》："洮，水。出陇西临洮，<u>东北</u>入河。"

《汉书·地理志》："（陇西郡临洮）洮水出西羌中，<u>北</u>至枹罕东入河。"

《说文·水部》"东北入河"，《汉书·地理志》作"北入河"。

按：《汉书·地理志》"北至枹罕东入河"可以有两种理解，一种理解为洮水流经枹罕县，自临洮至枹罕北流，枹罕县之后东流入河。一种理解为洮水流经枹罕县东面，后入河。笔者发现后一种说法比较合理。因为洮水并未流经枹罕县。《汉书·地理志》："（金城郡白石）离水出西塞外，东至枹罕入河。莽曰顺砾。"离水在枹罕入河，离水和洮水都是流入河水的支流，离水在西，洮水在东。离水，《水经注》作"漓水"，《水经注·河水》："河水又东，与漓水合，……漓水又东径白石县故城南。王莽更曰顺砾。……枹罕县在郡西二百一十里，漓水在城南门前东过也。……河水又东，洮水注之。"故《汉书·地理志》中"东"当指枹罕县东面。而"北"则是洮水的流向。长期以来，人们都误以为洮水过枹罕县入河，如清顾祖禹《读史方舆纪要·陕西一·封域》："洮河，出洮州卫西倾山，经卫南，东北流经岷州卫北，又折而北，入临洮府西南境……又北至枹罕而入于河。"

洮水发源于西倾山，东北至临洮县，后入河。班固、许慎认为洮水出临洮县，临洮县乃洮水之近源，而从临洮县入河，其方向大约为西北。《说文·水部》"洮"下段注引《水经·河水》曰："河水又东入塞，过敦煌酒泉张掖郡南，又东过陇西河关县北，洮水从东南来流注之。"洮水经陇西、金城二郡，就地望准之。其水流的方向当为西北。

除了同义词、地名词和方位词异文外,《说文·水部》与《汉书·地理志》异文中还存在少量的同源词异文。王力(1982)《同源字典》中的"同源字"即笔者所说的"同源词",古代汉语以单义词为主,一个字几乎就是一个词。因此王力(1982)《同源字典》中的"同源字"即所说的"同源词",王力书前所附的《同源字论》把"同源字"定义为:"凡音义皆近,音近义同,或义近音同的字,叫做同源字。""同源字,常常是以某一概念为中心,而以语音的细微差别(或同音),表示相近或相关的几个概念。"王力的这一观点影响深远,在很长一段时间学界都以此标准来判断同源词。

近年来,随着研究的深入,"音近义通"这一含义逐渐暴露出一些问题,如有些音近义通的却不是同源词,而一些同源词读音并不相近。可见王力的定义还存在可商之处,其不足之处有两点:①着重强调了音的决定作用,未揭示出同源词的本质内涵,会让人误以为同源词只是音同或音近的同义词;②把同源词意义之间的联系简单化,他只强调了"义同""义近",实际上,同源词意义之间的联系是广泛而复杂的,绝非简单的"义同""义近"所能概括。

对此,近代学者提出了"词源意义"这一说法,代表性的学者有陆宗达、王宁、殷寄明、王凤阳等,其观点详下:

陆宗达、王宁:由同一词根派生出的词叫同源派生词,简称同源词。派生词指由旧词分化出的新词,新词和旧词之间的音和义有历史渊源关系,彼此音近义通。①

殷寄明:同源词即语源相同的语词,从发生学的角度说,同源词是由同一语源孳乳分化出来的语词,在语音上具有相同或相通之特征,而在语义上则有相同、相反或相对、相通之特征。②

王凤阳:以特征义为中心,它是核心词多义裂解所产生的以特征义为纽带的词的血缘家族。③

上述观点有一共同特点,即抓住了"同一词源""同一词根"这一本质特征,词源意义不等同于词汇意义,它是以隐性形式存在的。如"供""恭""烘"是一组同源词,"供"表示以下事上,"恭"表示以下敬上,"烘"表示向天而祭,它们共同具有"向上"的语源意义。因此,我们判定同源词的时候,首先要看其词源意义是否一致,古音相同或相近、字形之间有联系可以作为辅助手段。略举一例:

① 陆宗达,王宁.浅论传统字源学 [J].中国语言,1984(5):369–378.

② 殷寄明.语源学概论 [M].上海:上海教育出版社,2000:131.

③ 王凤阳.汉语词源研究的回顾与思考 [J].汉语词源研究(第1辑),2001(1):54–65.

【阳—扬】

《说文·水部》："泠，水。出丹阳宛陵西，北入江。"

《汉书·地理志》："（丹扬郡宛陵）清水西北至芜湖入江。莽曰无宛。"

《说文·水部》"丹阳"之"阳"，《汉书·地理志》作"扬"。

按："阳"与"扬"为同源词，"扬"甲骨文作"𦎫""𦎫"，其金文字形为"𦎫""𦎫"，表示双手举玉之形，《说文·手部》记录了其引申义，云："扬，飞举也。"朱骏声《说文通训定声》："举者本义，飞者假借。"上古汉语中"扬"都与"上升"义相关，如《楚辞·九歌·东皇太一》："扬枹兮拊鼓，疏缓节兮安歌。"王逸注："扬，举也。"《礼记·曲礼上》："将上堂，声必扬。"《诗经·小雅·沔水》："鴥彼飞隼，载飞载扬。"此处"飞"与"扬"对举，共同表示飞起之义。

"阳"的甲骨文字形为"𦎫""𦎫"，会太阳升起之义，与"扬"相比，"阳"更像是"升起"的结果，《说文·水部》："阳，高明也。"朱骏声《说文通训定声》："从阜从易会意，易亦声。"表示日之所照。《齐民要术·栽树》："凡栽一切树木，欲记其阴阳，不令转易。"阳表示向阳面，阴表示背阴面，"阳"还表示"太阳"之义。《诗经·小雅·湛露》："湛湛露斯，匪阳不晞。"毛传："阳，日也。"《吕氏春秋·辩土》："故晦欲广以平，畎欲小以深，下得阴，上得阳，然后咸生。"高诱注："阳，日也。"

"阳"与"扬"可表示为：

阳 =/ 向上 /+/ 山阜 / ⟶ 升起的结果 ⟶
扬 =/ 向上 /+/ 手 / ⟶ 举起的动作 ⟶ 语源义：上升

周光庆系联了"易""旸""扬""阳"一组同源词，认为它们是对太阳升起过程的分段指称。其中，"易"表示"云开见日"，"旸"表示"旭日始出"，"扬"表示"旭日飞举"，"阳"表示"日之所见"。它们是依次组成的同源词族，而这一词族的出现与古人的"太阳崇拜"心理息息相关。[①]且"阳""扬"皆为喻母阳部字，它们上古读音相同。

---

① 周光庆.易旸扬阳词族考释 [J] 古汉语研究，2008（3）：14-17.

第三章　从句的层面看《水部》与《地理志》异文

本章站在"语法研究"的角度，研究二者采用的句式以及特殊的语法现象。《说文·水部》与《汉书·地理志》各自按照特定的体例对水流进行编排，它们所选定的句式及词汇反映了东汉时期的语法面貌。同时，作为专书，它们在叙述河流时采用的体例基本是统一的，然而也存在部分用法不一致的现象。这些差异对我们研究东汉的特殊语法现象具有重大的指导意义。本章笔者采用对比法和共时与历时研究相结合的研究方法，不仅分析二者异文的差异，还站在共时的角度，把它们与同时代的其他语料相比较，研究其异同；站在历时的角度，把它们与其他时代的语料相比较，分析其发展演变。

本章分三节展开，分别为体例不同形成的异文，句式不同形成的异文，句义不同形成的异文。

第一节　体例不同形成的异文

钱大昕在总结读书经验时说："读古人书，须识义例。"①《水部》与《地理志》在叙述河流时说解体例是不同的，从而造成了二者大量的异文，我们先看《水部》的说解体例，《水部》主要采用义训的方式，说解方式多样，下面从主要说解体例和补充说解体例两方面进行说明。

主要说解体例有四种类型：

1. 以汉地为源，流入某水。如："泠，水。出丹阳宛陵西，北入江。"

按：这种体例还存在多种情况，汉地，可能举"郡名＋县名＋方位词"，如上述泠水，这算是内容较全的一种形式，除此之外，可能只举"郡名＋县名""郡名＋方位词""县名"等。方位词，可能有，可能无，同是方位，有的用单音词，有的用复音词，其精细程度不同。流入河流，可能是直接汇入之

---

① 钱大昕撰，吕友仁校点. 潜研堂集 [M] 上海：上海古籍出版社，1989: 253.

水，可能是间接汇入之水。因为古人认为水流是相通的，言直接汇入之水与间接汇入之水是没有差异的。

2.以汉地和山为源，流入某水。如："湔，水。出蜀郡绵虒玉垒山，东南入江。"

按：这种体例存在多种情况，某山，可能直接是山名，可能是"某郡＋山名"或"某县＋山名"，也可能是"某郡＋某县＋山名"。

3.不释其源，只释水在某地。如："泜，水。在常山。"

按：某地，可能是汉地，可能是古地。古地，一般列举秦地州名。

4.不释其源，以其他水流为参照，释其相对位置。如："汉，漾也。东为沧浪水。"

补充说解体例有三种类型：

1.前为主要说解，后为通人说解。如："渭，水。出陇西首阳渭首亭南谷，东入河。从水，胃声。杜林说《夏书》以为出鸟鼠山，雝州浸也。"

按：《说文·叙》："博采通人，至于小大，信而有证。""通人"指学识渊博的专家，"博采通人"指广泛采用著名学者的说解。

2.前为主要说明，后补另一说。如："涓，水。出弘农卢氏山，东南入海。从水，育声。或曰出郦山西。"

按：《说文·水部》存在一种特殊体例，即兼述两说，在用词上，常用"一曰""或曰"表示，这种情况或者是许慎疑而不能决之处，或者是后人传抄流传过程中的误增。

3.前为主要说解，后引经典之言。如："溠，水。在汉南，从水，差声。荆州浸也。《春秋传》曰：'修涂梁溠。'"

按：《说文·水部》在描述河流时，参考了大量地理著作，最终以转述的形式、按照字书的体例进行编排加工，因为一条水流可能参引了不只一处材料，故一般不标明材料来源，当然，《水部》有时也会直接引用经典里的话，甚至标明出处，如上述"溠水"便标明了出处。

《汉书·地理志》的说解体例与《水部》不同。《汉书·地理志》分三部分组成，前一部分收录了《尚书·禹贡》的内容，后一部分收录了《周礼·职分》的内容，中间是主体部分，这一部分是按郡（国）编排的，每个郡（国）下有县（道），而河流分布于各县（道）之下。在叙述河流时，其具体说解也存在差异，《地理志》的说解方式主要有以下四种类型：

1.以山为源，流入某地某水，过郡数及里程数，王莽新名。如："获水首受甾获渠，东北至彭城入泗，过郡五，行五百五十里。莽曰蒙恩。"

按："至某地入某水"，这儿的某地，既是河流的流经之处，也是流入河流的流经之处，因此是我们判断河流流经郡县的重要数据。王莽执政期间，曾经大规模更改全国州、郡、县各级政区地名，所谓改地名，王莽改的是汉平帝元始二年（公元 2 年）的地名，也就是《地理志》中记载的西汉末期郡县地名。[①]《汉书·地理志》把王莽改的新名也收录其中。

2. 以山为源，流入某地某水，过郡数及里程数，古代州名。如："北山，汾水所出，西南至汾阴入河，过郡二，行千三百四十里，冀州瀎。"

3. 以山为源，流入某地某水，过郡数及里程数，有无官署。如："阳干山，颍水所出，东至下蔡入淮，过郡三，行千五百里，荆州瀎。有铁官。"

按：上述官署包括盐官、铁官、牧师菀官等。中国古代官职和机构往往同名，这里记载的主要是主管盐政、铁政的官署。对此，《中国史稿》有记载，"东汉的官营手工业沿袭西汉的制度"，"在地方郡国，则按具体情况，设置盐官、铁官、工官等"。[②]

4. 以山为源，流入某地某水。如："有大騩山，潕水所出，南至临颍入颍。"

此外，需要说明以下两种情况：

1.《汉书·地理志》也存在引经以及通人说解的情况，但是与《说文·水部》不同的是，《汉书·地理志》通常不是先对水流进行描述，后引经或通人说解进行补充，而是直接用经文或通人说解描述河流，并注明出处。如"桑钦以为道弱水自此，西至酒泉合黎。莽曰贯虏。"这里虽然是引通人说解，其实也是班氏对"弱水"的基本描述。再如："《禹贡》：'涧水在东，南入雒。'"这里虽然是引自《禹贡》，但也是班氏对"涧水"的基本描述。

2.《汉书·地理志》存在很多相同水名分载于两郡或多郡的情况。这与《汉书·地理志》的体例相关。如"育水"，"弘农郡卢氏"下载"又有育水，南至顺阳入沔"。又"南阳郡郦"下载"育水出西北，南入汉"。这需要我们辨别这些相同的水名是一水多源，还是异水同名的现象。

《说文·水部》与《汉书·地理志》的说解体例不同，在描述同一条水流时，由于说解体例不同，难免会形成异文。上文只是分别列举了《说文·水部》与《汉书·地理志》的主要说解体例和补充说解体例，在实际操作过程中，二者的对应形式是多样的，如：

① 何畏. 也谈王莽改地名 [J]. 文山学院学报，2012（4）：50-54.
② 郭沫若. 中国史稿（第二册）[M]. 北京：人民出版社，1979: 283-284.

【沭（术）水】

《说文·水部》："<u>沭</u>，水。出青州浸。"

《汉书·地理志》："（琅邪郡东莞）<u>术</u>水南至下邳入泗，过郡三，行七百一十里，青州寖。"

按：《说文·水部》"沭水"即《汉书·地理志》之"术水"，就其体例而言，《说文·水部》未释其源，仅举水在某地（古州名），而《汉书·地理志》详举"术水"流入地、过郡数、里程数及古代州名。二者虽体例不同，然而在古州名处存在对应关系。

【汾水】

《说文·水部》："<u>汾</u>，水。出太原晋阳山，西南入河。从水，分声。或曰出汾阳北山，冀州浸。"

《汉书·地理志》："（太原郡汾阳）北山，<u>汾水</u>所出，西南至汾阴入河，过郡二，行千三百四十里，冀州寖。"

按：《说文·水部》存在两说，每一说均释其源，流入水名或古州名，而《汉书·地理志》仅存一说，详举"汾水"的流出地、流入地、过郡数、里程数及古州名。《说文·水部》后一种说解与《汉书·地理志》存在对应关系。

第二节　句式不同形成的异文

一个句子按照一定的模式来组织，这个模式就是句式。《水部》与《地理志》的体例存在一定的差异，其句式也存在一定的差异。体例的不同会造成句式的差异，《说文·水部》与《汉书·地理志》在对水流进行说解时，句式是比较统一的，然而其基本句式以及不同字词的选择也是造成异文的一个重要原因，从二者异文来看，其句式的对应表现为以下几种类型：

1.《说文·水部》："（某水），水。出（某地）（某山），（方位）入（某水）。"

《汉书·地理志》："（某地）（某山），（某水）所出，（方位）至（某地）入（某水）。"

如《说文·水部》："湔，水。出蜀郡绵虒玉垒山，东南入江。"

《汉书·地理志》："（蜀郡绵虒）玉垒山，湔水所出，东南至江阳入江，过郡三，行千八百九十里。"

再如《说文·水部》："漳，浊漳，出上党长子鹿谷山，东入清漳。"

《汉书·地理志》："(上党郡长子) 鹿谷山, 浊漳水所出, 东至邺入清漳。"

我们可以看出其中的对应关系。"(某水), 水。出 (某地)(某山)"与"(某地)(某山), (某水) 所出"语义是相同的。某地或某山指水流出的处所, 这种用法是"所"字结构帮助实现的。"所 + 动词"称代水流出的处所。

"所"的金文字形为"𠂤", 篆文字形为"𢽏", 从斤, 户声, 表示伐木的声音。《说文·斤部》："所, 伐木声也。"段注："伐木声乃此字本义, 用为处所者, 假借为处字也。若王所、行在所之类是也。用为分别之词者, 又从处所之义引申之……皆于本义无涉, 是真假借矣。"据段氏所言, "所"的本义为伐木的声音, 是象声词。而处所义是其假借义, 此外, 其假借义又有很多引申义。张世禄 (1978)《古代汉语》："(所) 由'处所'的意义, 经过实词虚化, 转而指称一切人或事物, 带有指称作用的代词性质; 因为和动词连用, 同时又成为这种动作所施予的对象, 所以'所'在结构里是表示这种动作的对象, 就是'受事'的关系。""所 + 动词"不一定是事物所施予的对象, 还有可能用来称代处所,《地理志》"所"与"动词"连用, 就是用来称代处所, 表示水流出的处所。"所 + 动词"表示处所早在上古汉语中就已经出现了。如:

(1) 汏侈无礼已甚, 乱所在也。(《左传·昭公二十年》)

(2) 邦畿千里, 维民所止。(《诗经·商颂·玄鸟》)

(3) 昆仑之墟方八百里, 高万仞……面有九门, 门有开明兽守之, 百神之所在。(《山海经·海内西经》)

上揭例句均为"所"加动词, 来指代处所。例 (1) 表示骄奢无礼过甚, 是祸乱所在之处。例 (2) 表示国家地域广袤, 是人民所居之地。例 (3) 表示昆仑山的每一面有九道门, 而每道门都有称作开明的神兽守卫着, 是众多天神聚集的地方。当然, "所 + 动词"除了可以指代处所之外, 还可以指代对象、原因、目的、由来等。

至于"所"的词性, 迄今没有统一的意见, 王力 (2005)《汉语语法史》："'所'字是一种特殊代词, 它放在动词前面, 作为动词的宾语, 它和动词结合后, 成为名词性词组。"[①] 熊仲儒、郭立萍 (2016)《所字短语的句法分析》认为"所"是宾语移位之后留下的接应代词, 即"动词的宾语", 和动词结合之后, 仍为动词性短语。[②]

---

① 王力. 汉语语法史 [M]. 北京: 商务印书馆, 2005: 73.

② 熊仲儒, 郭立萍. 所字短语的句法分析 [J]. 语言科学, 2016 (5): 474-487.

2.《说文·水部》:"(某水),水。出(某山),(方位)入(某水)。"

《汉书·地理志》:"(某山)在(方位),(某水)所出,(方向)至(某地)入(某水)。"

如《说文·水部》:"淮,水。出南阳平氏桐柏大复山,东南入海。"

《汉书·地理志》:"(南阳郡平氏)《禹贡》桐柏大复山在东南,淮水所出,东南至淮浦入海。"

再如《说文·水部》:"江,水。出蜀湔氐徼外岷山,入海。"

《汉书·地理志》:"(蜀郡湔氐道)《禹贡》岷山在西徼外,江水所出,东南至江都入海。"

首先,我们先来看一下"在+方位词"这一用法,"在"在这里为动词,"在+方位词"表达的是一个概括的范围,而不是一个具体的位置。这种用法在上古汉语时就已经出现,它是在"在+具体的处所名词"基础上发展而来的。如:

(1)司射在司马之北。(《仪礼·乡射礼》)

(2)蒹葭苍苍,白露为霜,所谓伊人,在水一方。(《诗经·秦风·蒹葭》)

(3)董叔曰:"天道多在西北,南师不时,必无功。"(《左传·襄公十八年》)

按:上揭例句(1)(2)"司马之北"和"水一方"是具体的处所,具有"+面积"的语义特征,"在司马之北"与"在水一方"是指一个概括的范围,其意义可以概括为"人或物存在的区域或者位置",例(3)"西北"是指一个具体的方位,不具备"+面积"的语义特征,但"在西北"同样可以表示一个概括的范围,其意义为"人或事物存在的区域或位置"。除此之外,《说文·水部》和《汉书·地理志》"动词+方位词"还有一些其他的类型,如"出+方位词"等,其用例如下:

《说文·水部》:"㴍,水。出北地直路西,东入洛。"

《汉书·地理志》:"(北地郡直路)沮水出西,东入洛。"

按:"㴍水"即"沮水","出北地直路西"与"出西"可理解为"出于北地直路"和"从北地直路流出",前者具有"+面积"的语义特征,而后者只是一个特定的方位,然而二者可以表达相同的概念。《水部》与《地理志》异文反映了这种语法现象的存在。

其次,我们分析一下《地理志》选用句式的逻辑关系,"(某山)在(方向)"一句,指的是山在某郡县的大致位置,而后一句"(某水)所出"指的是"(某山)"是"(某水)"所出之处,"(某水)所出"的主语当为"(某山)"。

如"崏山在西徼外，江水所出"是指"崏山是江水所出之地"，后一句"江水"前省略了主语"崏山"。

除了上述这些基本句式之外，还有一些字词的特殊用法也会形成异文，下面进行详细分析。

1. 出、自、道、起、受的用法

《说文·水部》与《汉书·地理志》在描述河流所出之处时，选用了不同的词，如"自""出""道""起""受"等，这会造成二者之间的异文，如：

《说文·水部》："溺，水。自张掖删丹，西至酒泉合黎，余波入于流沙。从水，弱声，桑钦所说。"

《汉书·地理志》："（张掖郡删丹）桑钦以为道弱水自此，西至酒泉合黎。莽曰贯虏。"

《说文·水部》："涞，水。起北地广昌，东入河。从水，来声。并州浸。"

《汉书·地理志》："（代郡广昌）涞水东南至容城入河，过郡三，行五百里，并州寖，莽曰广屏。"

下面我们一一分析这几个词的用法。"出"是《水部》与《地理志》描述河流流出之处最常用的一个词，一般表示出某地，或者出某个方位。"出"的甲骨文字形为"ㄓ"，表示脚离开坎穴。本义为从里面到外面，与"入"相对。《说文·出部》："出，进也。象草木益滋上出达也。"孙诒让《名原》："古出字取足形出入之义，不象草木上出形。"从里面到外面即离开。《玉篇·出部》："出，去也。"《诗经·小雅·宾之初筵》："既醉而出，并受其福；醉而不出，是谓伐德。"郑玄笺："出，犹去也。"这里水流用"出"字，会流出、离开之意。

"自"的本义是鼻子，其甲骨文字形为"𦣻"，像鼻子之形。《说文·自部》："自，鼻也。象鼻形。"后来引申为自己，再后来虚化为介词，表示空间和时间的起点。它通常放在名词或代词之前，起引介作用。这种用法在上古时期就已经出现了，如：

（1）自天子达于庶人，非直为观美也，然后尽于人心。（《孟子·公孙丑下》）

（2）然则《关雎》《麟趾》之化，王者之风。故系之周公。南，言化自北而南也。（《诗经·周南·关雎序》）

（3）不啻若自其口出。（《尚书·泰誓》）

上揭例句"自"相当于现代汉语中的"从"，"自"和"从"都有一个由实词向虚词转化的过程，二者可以相互替换。《论语·学而》："有朋自远方来，不亦乐乎。"皇侃疏:"自,犹从也。"《淮南子·时则》:"自昆仑东绝两恒山。"高诱注:"自,从也。"从时间上看,上古汉语在表示处所起点时,"自"比较常用,而此时"从"几乎都是动词,后来,"自"的这一用法逐渐衰弱,"从"在数量上渐渐超过了"自"。六朝以后,"自"已经不是一个常用的介词了,代之而起作用的是介词"从"。①

"道某水"这一用法来源于《尚书·禹贡》,《禹贡》全书分为五部分:九州岛岛,道山,道水,水功,五服。其中"道山""道水"中"道"均为疏通之义,而导水之处即水流发源之处。如《尚书·禹贡》:"九河既道,雷夏既泽,灉沮会同。"孔颖达正义引李巡曰:"禹疏九河。"蔡沈集传:"既道,既顺其道。"《汉书·沟洫志》:"故道河自积石,历龙门,南到华阴。"颜师古注:"从积石山而治引之令通流也。道,读曰导。"

"道"还可作"导"。《尚书·禹贡》"道"与"导"并见。《说文·辵部》"道""导"二字并收。《说文·辵部》:"导,导引也。"又"道,所行道也。""道"与"导"同源,二字声韵并同,只不过意义各有侧重,"导"本义为引导,"道"本义指道路。二字最早均见于西周,"道"的金文字形为"𧗶""𧗺",从辵,从首,会在路上行走之意。"导"的金文字形为"𨑢""𨑜",从行,从又,从首,会在路上引领前行之义。"道""导"均可引申为疏通之义。二字可相互通用。《尚书·禹贡》"导荷泽"一文,孙星衍今古文注疏:"史迁导作道。"又"导岍及岐"一文,孙星衍今古文注疏:"史迁作道九山,汧及岐。"《左传·隐公五年》:"邾人告于郑曰:'请君释憾于宋,敝邑为道。'"陆德明释文:"道,音导。本亦作导。""导"亦引申为发源、起源之义。如《水经注·河水》:"河水又南合蒲水,西则两源并发,俱导一山。"刘师培《文说·析字篇》:"自古词章,导源小学。"

"起"的本义为立,后引申为源起、开始之义。《说文·走部》:"起,能立也。"段注:"又引伸之为凡始事、凡兴作之偁。""起"表示源起、开始之义,文献中不乏例句。《韩非子·喻老》:"有形之类,大必起于小;行久之物,族必起于少。"《孙子算经》卷上:"度之所起,起于忽。"《史记·李斯列传》:"明法度,定律令,皆以始皇起。"

"起"还有一种比较特殊的用法,它放在时间、处所名词的前面,表示起点,这时的"起"为介词,犹言"从……"。如《墨子·备城门》:"百步一桃枞,起地高五丈。"岑仲勉注:"高度自地面起计,故曰'起地'。"唐韩愈《送

---

① 刘瑞红.介词"自"和"从"历时比较简析 [J].北京教育学院学报,2008(2):49-52.

水陆运使韩侍御归所治序》:"令各就高为堡,东起振武,转而西,过云州界,极于中受降城,出入河山之际,六百余里,屯堡相望,寇来不能为暴,人得肆耕其中。"五代明宗曹皇后《以皇长子潞王监国令》:"可起今月四日知军国事,权以书诏印施行。"

在描述河流时还有一个特殊的词语"受"(或作"首受"),这也会形成《水部》与《地理志》的异文,如:

《说文·水部》:"濄,水。受淮阳扶沟浪汤渠,东入淮。"

《汉书·地理志》:"(淮阳国扶沟)涡水首受狼汤渠,东至向入淮,过郡三,行千里。"

再如《说文·水部》:"一曰渝水,在辽西临俞,东出塞。"

《汉书·地理志》:"(辽西郡临渝)渝水首受白狼,东入塞外。"

首先我们要了解"受"的意义,通过查检古书,可以发现古人对此有专门的注解。《左传·僖公十九年》:"用鄫子于次睢之社。"杜预注:"睢水受汴。"孔颖达疏:"凡水首从水出谓之受。""水首从水出",其具体内涵是什么呢?我们先看一下《地理志》中"受"的用法。

《汉书·地理志》"南郡华容"下曰:"夏水首受江,东入沔,行五百里。"

同书"蜀郡江原"下曰:"鄨水首受江,南至武阳入江。莽曰邛原。"

上述"夏水""鄨水"均首受"江水"。而此二水均为"江水"的支流,即发源于江水,从江水流出的水。《水经注·江水》:"江水又径江原县,王莽更名邛原也,鄨江水出焉。……有鄨江入焉。出江原县,首受大江,东南流至武阳县,注于江。……(江水)又东至华容县西,夏水出焉。"

再看《水经注》中"受"的用法。

《水经注·河水》:"河水东分济,亦曰泲水受河也。"熊会贞参疏:"即《济水注》所云:'河水自四渎口东北流而为齐也。'"

《水经注·济水》:"濮渠又东北,又与酸水故渎会。酸渎首受河于酸枣县。"杨守敬疏:"古河水东北流,径酸枣县之西北,酸水与濮水同受河,但濮水出河,东北径棣城,而后径酸枣,酸水则出河即东径酸枣,是酸水出河在濮水之东北,当即今延津县之西北,已湮。"

"齐水""泲水"即"济水","河水"分出"济水",则"济水受河","酸水""濮水"同受"河水",可见"受"之后的河流分出"受"之前的河流,"受"之前的河流则发源于"受"之后的河流。我们可以表示为"a"受"b"(b为水名)于"c",即"b"在"c"分出"a"或"a"在"c"发源于"b"。"受"与"首受"意义相同,皆为水流分出之义。

以上为"受"之后加水名的用法,"受"的后面还可以加地名。

《汉书·地理志》"益州郡毋棳"下曰:"桥水首受桥山,东至中留入潭,过郡四,行三千一百二十里。莽曰有棳。"同书"益州郡嶲唐"下曰:"周水首受徼外。"同书"郁林郡增食"下曰:"骊水首受牂柯东界,入朱涯水,行五百七十里。"《水经注·大辽水》"《地理志》曰:'渝水首受白狼水。'"熊会贞参疏:"《汉志》:'渝水首受白狼。'或因水源非一,故变'出'言'受'。然白狼指县言,初不以为水名也。《汉志》本有此例,如'无阳'下:'无水首受故且兰。''叶榆'下:'贪水首受青蛉。''定周'下:'周水首受母敛。'皆称县,与'首受白狼'同。……'西随'下:'麋水西受徼外。'亦指地言。郦氏因后世有白狼水之名,增出水字,恐非班意。"当"受"后面为地名时,其意义与"出"相近。可见,当"受"后面为水名时,《说文·水部》与《汉书·地理志》特指发源于某水,但《水经注》发源于某水有时也用"出",而"受"后面为地名时,指发源于某地,其义与"出"相同。

2.过、入(于)、至(于)的用法

在描述流入地时,《水部》与《地理志》异文中经常会出现"过""至""入"三词,其中,"入""至"又可作"入于""至于"。

"过"后面既可以是地名,又可以是水名,表示流经、经过之义,与"至"不同的是,当"过"后面是地名时,它不是指入水的地名,而是指流经的地名。"过"的甲骨文字形为"",从止,呙声,后来"止"换作其同义形符"辵",故作"过"。"过"的本义为经过。《说文·辵部》:"过,度也。"吴善述广义校订:"过本经过之过,故从辵,许训度也。度者过去之谓,故过水曰渡,字亦作度。经典言'过我门''过其门'者,乃过之本义。"《地理志》有时会描述河流流经的地名或水名,用"过"字引出流经之所,《水部》未述河流流经之处,故二者形成异文。如:

《说文·水部》:"涝,水。出扶风鄠,北入渭。"

《汉书·地理志》:"(右扶风鄠)又有潦水,皆北过上林苑入渭。"

上述"涝水"为"潦水"之误,此处下文会详细说明,"上林苑"为秦汉时皇室的宫苑,原为秦始皇所建,在都城咸阳,后废,汉武帝时重建,内有离宫别馆、名花异卉、珍禽异兽等,极为豪华,在汉代"上林苑"位于右扶风、京兆尹一带,潦水经过上林苑入渭水。

至(于)后面既可以是地名,也可以是水名。与《说文·水部》相比,《汉书·地理志》常用"至","至"的意义为到达,如:

《汉书·地理志》"琅邪郡椑"下曰:"夜头水南至海,莽曰识命。"

同书"浮于江、沱、灉、汉,逾于洛,至于南河。"

上述二例"至""至于"后为水名,表示河流到达之水名。"至"还常与"入"连用,构成"至 a 入 b"的结构,此时 a 为流入之地名,b 为流入之水名。"至"后面的某地表示入某水的地点,位置较为精确。如:

《说文·水部》:"涪,水。出广汉刚邑道徼外,南入汉。"

《汉书·地理志》:"(广汉郡刚氏道)涪水出徼外,南至垫江入汉,过郡二,行千六十九里。"

再如《说文·水部》:"湟,水。出金城临羌塞外,东入河。"

《汉书·地理志》:"(金城郡临羌)西北至塞外,有西王母石室、僊海、盐池。北则湟水所出,东至允吾入河。"

上述例句"至垫江入汉"与"至允吾入河","至"后乃入水之地名,"入"后乃入水之河流,即涪水在垫江县注入汉水,湟水在允吾县注入河水。

这一用法可以判断《水部》与《地理志》异文中的脱文或衍文情况,通过这种方法可以对《水部》与《地理志》进行校勘。如:

《说文·水部》:"荡,水。出河内荡阴,东入黄泽。"

《汉书·地理志》:"(河内郡荡阴)荡水东至内黄泽。"

按:《说文·水部》"入黄泽",《地理志》作"至内黄泽",按照二者的句式,《地理志》一般"至"后为地名,通过查阅资料,发现当为"至内黄入黄泽",脱"黄入"二字。再如:

《说文·水部》:"潭,水。出武陵镡成玉山,东入郁林。"

《汉书·地理志》:"(武陵郡镡成)玉山,潭水所出,东至阿林入郁,过郡二,行七百二十里。"

按:《汉书·地理志》中的"郁",《水部》作"郁林"。宋祁认为《汉书·地理志》"阿林入郁"下当添"林"字。其实,"入"的后面当为水名,此"郁"当为"郁水"。《水经注·温水》:"(潭)水出武陵郡镡成县玉山,东流径郁林郡潭中县……潭水又径中留县东,阿林县西,右入郁水。"《说文·水部》"林"当为衍文,《水部》"潭"下段注:"俗人不知'郁'为水名,《汉志》'涅水入郁','离水入郁',亦皆沾林矣。"王筠《说文系传校录》:"《汉志》郁下无林,盖缘阿林而衍,而许说之郁下亦不当有林。可知郁,水名也,郁林,郡名也。"

"至"与"入"均表到达之义,然而"至"与"入"的区别在于,"入"表示进入其中,而"至"未穿入,未进入其中。这从它们的甲骨文字形便可窥见。"至"的甲骨文字形为"𝌀",金文字形为"𝌁",表示射来的箭落到地上,本义为到达。"入"实际是"内"的分化字，"内"的初文作"內"，以有锐锋的楔形符号"人"刺入"冂"形的图像，表示进入内里之意。

"至""入"又用作"至于""入于"，如：

《说文·水部》："洨，水。出常山石邑井陉，东南入于泜。从水，交声。郦国有洨县。"

《汉书·地理志》："（常山郡石邑）井陉山在西，洨水所出，东南至廮陶入泜。"

《说文·水部》："浪，沧浪水也。南入江。"

《汉书·地理志》："又东为沧浪之水，过三澨，至于大别，南入于江。"

笔者发现""至/入+NP"与"至/入+于+NP"的意义相同，"至/入+于+NP"是古代汉语常见的结构，此处"于"为介词，引出动作的受事。时兵在《也论介词"于"的起源和发展》一文中，在论及"V+于+NP$_{与事/位事}$"时举到这样两组句子。

a. 贞：不至于商，五月。（《合》7818）

b. 己亥卜，不至雍。（《合》22045）

a. 戊寅卜，争贞：王于生七月入于商。（《合》1666）

b. 癸亥卜：王其入商。惟丁丑，王弗悔。（《合》27767）

并认为"V+于+NP$_{与事/位事}$"和"V+NP$_{与事/位事}$"这两种结构大致是同时产生的，但其使用频率不尽相同，他对《殷墟甲骨刻辞摹释总集》《包山楚简》和《望山楚简》中"祷+于+NP$_{神明}$（+NP$_{祭牲}$）"和"祷+NP$_{神明}$（+NP$_{祭牲}$）"两种格式用例进行了统计，发现殷商时代前者的使用明显多于后者，而战国之后，后者的使用已经成为优势结构。[①]

这种规律也适用于我们这个结构，《水部》与《地理志》均为西汉著作，西汉处于上古汉语向中古汉语转型的时期，从二者异文中不难发现它们都存在少量的"至+于+NP"或"入+于+NP"结构，这可以为我们研究这一结构提供很好的案例。然而并不是说中古以后，"于"就完全脱落了。张长桂、何平在《〈杂宝藏经〉里的"V+于+N"》[②]一文中从北魏人吉迦夜、昙曜共译的《杂宝藏经》中列举16条例证，并指出这种语法现象不限于先秦和西汉，直到北魏仍存在着。

---

① 时兵.也论介词"于"的起源和发展 [J]. 中国语文，2003（4）：343-347.

② 张长桂，何平.《杂宝藏经》里的"V+于+N" [J]. 中国语文，1995（2）：149.

第三节　句义不同形成的异文

在异文形成的原因中，句义不同也会形成异文，句义不同主要有两种情况：①二书分别叙述了两件不同的事情；②二书字句大致相同，但在与句义相关的关键性的词语上出现了很大差异或出现了相反或相对的情况。此为一般的异文研究需要关注的情况。然而，与其他异文研究不同的是，本书研究的是《水部》与《地理志》中的河流，研究对象具有特殊性。因此，句义不同不是指描述了两件不同的事情，而是指二者对同一个水名的描述，所指完全不同。

《说文·水部》与《汉书·地理志》异文中存在着大量这种现象，在找出它们的同时，我们要研究其原因，探究其源流，这样可以帮助我们更好地了解古代历史地理。以下面几处异文为例。

【潏水】

《说文·水部》："潏，水名。在京兆杜陵。"

《汉书·地理志》："（右扶风鄠）又有潏水，皆北过上林苑入渭。"

《说文·水部》载"潏水"出"京兆杜陵"，而《汉书·地理志》作"右扶风鄠"。

按：《汉书·地理志》"潏水"当作"涝水"。涝水、潏水均为关中八川之列，只不过涝水出右扶风鄠，而潏水出京兆杜陵。《水部》："涝，水。出扶风鄠，北入渭。"《汉书·司马相如传》："酆镐潦潏，纡余委蛇，经营其内。"颜师古注："《地理志》鄠县有潏水，北过上林苑入渭，而今之鄠县则无此水。许慎云潏水在京兆杜陵，此即今所谓沈水。从皇子陂西北流。经昆明池入渭者也。盖为字或作水旁穴，与沈字相似，俗人因名沈水乎。"《水经注·渭水》："渭水又东北径渭城南，……而沇水注之。"杨守敬疏引王念孙云："《汉志》鄠县之潏水，当作涝。潏字或作沇。沇讹作沈。师古但知沈为沇之讹，而不知潏为涝之讹也。今考《集韵》，潏、沇并古穴切，音玦。《说文》：'潏，涌出也。''沇，水从孔穴疾出也。'是潏、沇二字音义皆同，故潏或作沇。就师古言论之，以沈为沇之讹，至确。"《说文·水部》与《汉书·地理志》记载水名相同，但实际上确是截然不同的两条水流。

【潘水】

《说文·水部》："潘，一曰水名，在河南荥阳。"

《汉书·地理志》："（会稽郡余暨）萧山，潘水所出，东入海。莽曰余衍。"

《说文·水部》载"潘水"出"河南荥阳"，而《汉书·地理志》作"会稽郡余暨"。

按："潘水"，《说文·水部》与《汉书·地理志》所指不是同一条河流，故所出地不同，《说文·水部》之"潘水"又作"播水""汳水""卞水"等，它们是同物异称词，是随方音的不同称呼。《说文·水部》"潘"字下段注："今潘水未闻。"钱坫斠诠："荥阳潘水即播水，亦云汳水。《左传》郑地泌，亦与水相近。古声潘、播、汳、邲并同。"《水经注·济水》："《尚书》曰：'荥波既潴。'孔安国曰：'荥波水以成潴。'阚骃曰：'荥播，泽名也。'故吕忱云：'播水在荥阳，谓是水也。'"杨守敬疏："则汳水、卞水、播水，明即《说文》荥阳之潘水矣。在浚仪则呼为汳水，在荥阳则呼为卞水，为播水，亦呼为潘水，各随其方音耳。总而论之，潘、播之字，并从番得声，汳之字，从反得声，波之字，从皮得声，邲之字，从必得声，卞之字当为弁，弁即覍冕之或字，篆文作�，隶省作卞，读若盘。其字皆由声转，潘转为汳，汳转为波，波转为播，播转为邲，邲转为卞，又加水为汳。然则潘也、汳也、波也、播也、邲也、卞也，名异而实同也。《说文》既称汳水，何又别称潘水？盖在荥阳者其泽也，在浚仪者其流也，故许于'潘'下云，水在河南荥阳，于'汳'下云，水受陈留浚仪阴沟。"《说文·水部》与《汉书·地理志》同记载潘水，但前者出自河南荥阳，后者出自会稽余暨。

【濯水】

《说文·水部》："濯，水。出汝南吴房，入瀙。"

《汉书·地理志》："（安定郡卤）濯水出西。"

《说文·水部》载"濯水"出"汝南吴房"，而《汉书·地理志》作"安定郡卤"。

按：汉汝南郡有濯阳县，因处濯水之阳而得名，濯水出汝南吴房，途经濯阳县，《汉书·地理志》"汝南郡濯阳"下应劭曰："濯水出吴房，东入瀙也。"《水经注·濯水》："濯水出汝南吴房县西北奥山，东过其县，北入于汝。……濯水东径濯阳县故城西，东流入瀙水，……其水又东入于汝水。"濯水先入瀙水，再入汝水，瀙水与汝水互受兼称，是远流与近流之别。

《汉书·地理志》安定郡卤县之濯水，文献资料均无考。《说文·水部》"濯"下段注引齐召南《水道提纲》云："濯水今难确凿指证。"《水经注·河水》："今于城之东北有故城，城北有三泉，疑即县之盐官也。"杨守敬疏引全祖望注曰："考《前汉志》，安定卤县有濯水，而其后无闻。"濯水所出之卤县，东汉废，《后汉书·郡国志》未载录，此后亦无史书记载。《中国历史地图集》在"安定郡"下未标出"卤县"。《中国历史地名大辞典》载卤县约在今甘肃东部或宁夏回族自治区南部。近年来，甘肃省崇信县博物馆在崇信县境内刘家沟、王河湾、魏家沟许多秦汉时期的陶器中发现有"卤""卤市"等戳记，陶荣（1998）《卤县地望考逸》认为汉卤县遗址即今崇信刘家沟遗址。张多勇（2012）《汉代卤县古城遗址考察研究》认同此说，认为从大量的"卤市"戳记看，卤县当为食盐集散地，"卤"因此而得名，他进一步指出安定郡卤县之灅水，即今汭河，发源于六盘山，东流经今华亭市、崇信县，在今泾川县注入泾河。此河在唐代称阁川河。故《水部》与《地理志》记载了两处灅水，其所指不同。

【汝水】

《说文·水部》："汝，水。出弘农卢氏还归山，东入淮。"

《汉书·地理志》："（汝南郡定陵）高陵山，汝水出，东南至新蔡入淮，过郡四，行千三百四十里。"

《说文·水部》载"汝水"出"弘农卢氏"，而《汉书·地理志》作"汝南郡定陵"。

按：《汉书·地理志》认为汝水流经四郡，出汝南郡定陵，至新蔡入淮，新蔡县亦在汝南郡，西汉颍川郡亦有定陵县，颍川郡与汝南郡相邻，即便是颍川郡定陵县，也不可能过郡四。而且自定陵至新蔡不可能长达一千三百四十里。所以此处是存在问题的。《水经注·汝水》："汝水出河南梁县勉乡西天息山。《地理志》曰出高陵山，即猛山也。亦言出南阳鲁阳县之大盂山，又言出弘农卢氏县还归山，《博物志》曰汝出燕泉山，并异名也。"杨守敬疏："以汝水所过所行核之，《志》文当本在南阳鲁阳下。自汉世传抄，即错入汝南定陵下。……郦以为高陵山即猛山，证之《括地志》：'汝水出鲁山县西伏牛山，亦名猛山。'《元和志》：'汝水出鲁山县西一百五十里天息山，一名伏牛山。'唐鲁山县即古鲁阳，是高陵山即《经》之天息山，在鲁阳之西，即卢氏之东，亦即《经》梁县之西南。相其地，正大盂山之所在。"《地理志》"汝水"下王先谦注："而此注'高陵山汝水出'一十三字亦本当在鲁阳下，自汉世转写即已误，移于此，后人莫能是正耳。"

由《水经注》可知，"高陵山，汝水出"一句当在南阳郡鲁阳县下，而从鲁阳至新蔡，无论是"郡四"，还是"一千三百四十里"都是相符合的。

《汉书·地理志》"南阳郡鲁阳"下曰："又有昆水，东南至定陵入汝。""至"后面的地名既是昆水流经之处，亦为汝水流经之处。汝水流经定陵县，西汉定陵县这儿当属颍川郡。

同书"南阳郡雉"下曰:"衡山,沣水所出,东至郾入汝。""郾"为"郾"字之误,西汉没有郾县。郾县属于颍川郡。

同书"南阳郡舞阴"下曰:"中阴水,溉水所出,东至蔡入汝。"蔡县,西汉属汝南郡。汝水又出鲁阳县,故从《地理志》来看"汝水"至少过三郡。

《水经注·汝水》:"今汝水西出鲁阳县之大盂山黄柏谷,……水又径梁城西。……汝水又东径成安县故城北。……汝水又径郏县故城南,……汝水又东南,径襄城县故城南。……汝水又东南,径定陵县故城北。……汝水又东南流,径郾县故城北,…………汝水又东南,径平舆县南,……汝水又东南,径新蔡县故城南。……汝水又东,径褒信县故城北,……又东至原鹿县。……南入于淮。"其中"鲁阳县"属"南阳郡";"梁城""成安县""郏县"属"河南郡";"襄城县""定陵县""郾县"属"颍川郡";"平舆县""新蔡县""褒信县""原鹿县"属"汝南郡",共历四郡,长度也比较符合。

第四章 《水部》与《地理志》异文研究的价值

《说文·水部》与《汉书·地理志》异文研究具有重要的意义和价值，其意义和价值是多方面的，它不仅可以帮助我们阅读古书，帮助我们了解秦汉河流的历史面貌，还能为现代辞书的编纂与完善提供实际价值。

下面分三节展开研究，分别为说文学价值、历史地理学价值和辞书编纂价值。

第一节 说文学价值

至于"说文学"的定义，万献初（2014）《〈说文〉学导论》认为："'说文学'（许学）是以许慎《说文解字》为研究对象的专门学问。"张其昀（1998）《'说文学'源流考略》认为："以《说文解字》为中心、为依托的一门学问叫做'说文解字学'。"从标点便可看出他们对说文学的态度，前者更看重对《说文》本体的研究，而后者既包括对本体的研究，同时也包括对客体的研究，即对历代研究成果的再研究。笔者认为后一种观点更加客观一些，因为《说文》的研究发展到今天，各个时代对《说文》的研究已经形成一个错综复杂的整体，历代《说文》各大家的优秀研究成果，它们同样值得我们分析和研究。

"说文学"又称"许学"，《说文》自问世以来，历朝历代都不乏对它的研究，至迟到魏晋南北朝时期，就有人依傍《说文》编纂字书，也有人对《说文》进行专项研究，这些围绕《说文》的种种学术活动为"说文学"的形成奠定了基础。在唐代便有"说文之学"的称呼，如张参在《五经文字·序例》中就提到了国子监置书博士，立"说文之学"。这时的"说文之学"仅为课试时让学子默写《说文》的条目，但《说文》的研究并未形成一门学问。直到清代，特别是乾、嘉、道三朝，对《说文》的研究才称得上一门学问。①

---

① 张其昀．"说文学"源流考略 [M]．贵阳：贵州人民出版社，1998：3．

据丁福保《说文解字诂林》所附《引用诸书姓氏录》统计，治《说文》并有著述者有二百余人，其较著名者亦有五十家。清代对于《说文》的研究是全方位的，①说文各大家对《说文》的研究主要集中在四个方面：①版本校勘。如沈涛《说文古本考》、段玉裁《汲古阁说文订》等。②阐发《说文》的体例。如王筠《说文释例》、陈衍《说文举例》等。③疏证许慎的训释。如段玉裁《说文解字注》、桂馥《说文解字义证》、王筠《说文解字句读》等。④依据《说文》本义来梳理汉字记录的词义系统及假借用法。如朱骏声《说文通训定声》等。②《水部》与《地理志》的异文研究对说文学具有重大的意义。其价值体现在以下几个方面。

1. 校勘学的价值

至于《说文》的版本情况，绪论部分已有详细论述，《说文》在流传过程中，经历代传抄易写，今《说文》已非许书原貌。郑珍《说文逸字·序》："历代移写，每非其人。或并下入上，或跳此接彼。浅者不辨，复有删易。"王筠《说文释例序》："而《说文》屡经窜易，不知原文之存者，尚有几何！"古籍校雠有四种基本方法：本校法、他校法、对校法、理校法。其中，对校法是最容易发现问题的一种重要方法，通过异文材料对《说文》版本进行校勘不失为一种科学、有效的研究方法。历来对《说文》的校勘材料主要表现在：①《说文》各版本互校；②各类书、字书、佛经音义引《说文》与《说文》对校。无论是《说文》各版本材料还是引文材料，实际上都是就《说文》本体进行的校勘，而很少有把《说文》与同时期其他的相似著作进行对校说明的，笔者选用同时语料《说文·水部》与《汉书·地理志》进行对校，这无疑是对《说文》校勘的另一个视角，对说文学具有重大价值，清代的说文学家在校勘时常采用这种方法，然而这些对校材料杂散于注释说解中，未成系统，他们或就《地理志》纠正《说文》之失，有时还就二者异文进行考证，具有重要的价值，如：

【厉—广】【妠—为】

《说文·水部》："浊，水。出齐郡厉妠山，东北入巨定。"

《汉书·地理志》："（齐郡广）为山，浊水所出，东北至广饶入巨定。"

按：《说文》各大家利用异文材料，对"浊"的训释情况列举如下：

（1）段注："厉当作广，妠当作为，皆字之误。……《前志》'广'下曰：'为山，浊水所出，东北至广饶入巨定。'"

---

① 张其昀．"说文学"源流考略 [M]．贵阳：贵州人民出版社，1998：132.

② 万献初．《说文》学导论 [M]．武汉：武汉大学出版社，2014：10.

（2）桂馥义证："厉当作广，妠山当作为山，《地理志》'齐郡广县'：'为山，浊水所出。'"

（3）王筠句读："厉当作广，妠当作为，《地理志》'齐郡广县'：'为山，浊水所出，东北至广饶入巨定。'"

（4）钮树玉校录："《玉篇》：'水出齐郡广县。'瞿云：'厉，《地理》《郡国志》并作广；妠，《地理志》作为。则厉为广之讹。'"

他们均善于使用《地理志》的异文材料，校正《说文》之失。广县，西汉文帝后元七年（前157）置，西晋永嘉末废。西汉高祖六年（前200）封召欧为广侯于此。《史记·建元已来王子侯者年表》："广。"司马贞索隐："表在勃海。"清顾祖禹《读史方舆纪要·山东六》："汉县，高帝封召欧为广侯，宣帝又封淄川孝王子宽为广侯，邑于此。"元于钦《齐乘·益都水》："《水经》谓之北阳，亦谓之渑水，出府城西南三十里九回山（俗名九扈），古广县为山也。"故齐郡厉妠山当作齐郡广为山。再如：

【沭—术】

《说文·水部》："沭，水。出青州浸。"

《汉书·地理志》："（琅邪郡东莞）术水南至下邳入泗，过郡三，行七百一十里，青州寖。"

按：《说文》各大家利用异文材料，对"沭（术）水"的训释情况列举如下：

（1）段注："'出'下有夺文，……当补'琅邪东莞，南入泗'七字，……《前志》'琅邪郡东莞'：'术水南至下邳入泗，过郡三，行七百一十里，青州浸。'"

（2）桂馥义证："'水出'者下有阙文，《地理志》'琅邪郡东莞县'：'术水南至下邳入泗，过郡三，行七百一十里，青州寖。'颜注：'术水即沭水也，音同。'"

（3）严可均校议："'沭水出'下有脱文，《地理志》'琅邪东莞县'：'术水南至下邳入泗，青州寖。'……议补云：'水出琅邪东莞，南入泗，青州寖。'"

"浸"表示湖泽的总称，"青州浸"表示青州之水，"出青州浸"不符合古代汉语的语法习惯，这里《说文》各大家的判断甚确，据《地理志》，"出"后有脱文，脱"琅邪东莞，南入泗"七字。

【北地—代郡】

《说文·水部》："滱，水。出北地灵丘，东入河。从水，寇声。滱水即沤夷水，并州川。"

《汉书·地理志》："（代郡灵丘）滱河东至文安入大河，过郡五，行九百四十里。幷州川。"

按：《说文》各大家利用异文材料，对"㴲"的训释情况列举如下：

（1）段注："北地当作代郡，《前志》曰代郡灵丘，今山西大同府灵邱县东有灵丘故城。'灵丘'下曰：'㴲水东至文安入大河，过郡五，行九百四十里。'"《前志》云入大河，有误。"

（2）桂馥义证："水出北地灵邱者，灵邱不属北地，《地理志》'代郡灵邱县'：'㴲河东至文安入大河，过郡五，行九百四十里，幷州川。'"

（3）严可均校议："㴲起北地，疑当作出代郡。《地理志》'代郡灵丘县'：'㴲河东至文安入大河，幷州川。'"

据《说文·水部》与《汉书·地理志》异文，《说文》各大家认为《说文·水部》"㴲"下"北地"当作"代郡"。以此来校对《说文》疏失。

【井陉—井陉山】

《说文·水部》："洨，水。出常山石邑井陉，东南入于泜。"

《汉书·地理志》："（常山郡石邑）井陉山在西，洨水所出，东南至廮陶入泜。"

按：《说文》各大家利用异文材料，对"洨"的训释情况列举如下：

（1）徐锴系传："《汉书》石邑县西有井陵山，洨水所出，东南至廮陶入泜，井陵，今或作井陉，误也。"

（2）段注："《前志》'石邑'下曰：'井陉山在西，洨水所出，东南至廮陶入泜。''井陉县'下应劭注曰：'井陉山在南。'然则井陉县在石邑之西，井陉山在石邑西南，井陉县南也。井陉山之东南则石邑地也。"

（3）严可均校议："'井陉'下脱'山'字，小徐作'井陵山'，引《地理志》'井陵山在西'云'或作陉，误也'，今《地理志》仍作'陉'。"

上揭例（2）段氏注意到了《汉书·地理志》的异文，但他并未作出判断，仅考述了"井陉县"与"井陉山"与"石邑县"的相对位置，井陉县在石邑县之西，井陉山在石邑县西南，据《说文》体例，"西南"泛称为"西"亦无不可，且没有一水同出两县的先例，故此处《说文》"洨"字当校勘为"出常山石邑井陉山"。

2.二者异文对校正许慎及《说文》各大家训释的价值

在对《说文》的研究中，尤以《说文》四大家贡献最为突出，他们对许慎《水部》字，不仅释词、解句，还对《水部》的字词进行校勘，有时也会考察一下水的源流及其水流状况，并取得丰厚成果。然而他们在训释过程中也会出现一些不妥当之处，《说文·水部》与《汉书·地理志》异文研究对校正许慎以及《说文》各大家训释具有重大价值，如：

【渐水】

《说文·水部》："渐，水。出丹阳黟南蛮中，东入海。"

《说文·水部》："浙，江水东至会稽山阴为浙江。"

《汉书·地理志》："（丹扬郡黝）渐江水出南蛮夷中，东入海。"

按：《说文·水部》"渐"下徐锴系传："《山海经》《汉书》黝县浙江，今浙江是也，又《汉书》云武陵索县有渐水。"并把渐水之文移于"浙"字下，云："浙，江水东至会稽山阴为浙江，从水，折声。臣锴按：《汉书》浙江出会稽县县南蛮夷中，东入海，《汉书》浙江或作渐江，慎所言或别也。"

《说文·水部》"浙""渐"并收，除此之外，《汉书·地理志》"武陵郡索"下又载"渐水"，云："渐水东入沅。"文献中"浙""渐"亦是混者颇多，《水经注·渐江水》："《山海经》谓之浙江也。《地理志》云：'水出丹阳黟县南蛮中。'北径其县南。……浙江又北历黟山，县居山之阳，故县氏之。'"南宋王象之《舆地纪胜》卷二："浙江出黔（黟）县南率中，东入海，今之浙江是也，率即歙耳。"《钱塘县志·山水》："今名钱塘江，其源发黟县，曲折而东以入于海。"

"浙水"与"渐水"是何关系呢？《说文》各大家以及其他学者都祖《说文》之说，分"浙""渐"为二水，以今钱塘江为渐水，以《汉书·地理志》分江水或南江为浙水。《汉书·地理志》："（丹扬郡石城）分江水首受江，东至余姚入海，过郡二，行千二百里。"又"（会稽郡吴）南江在南，东入海，扬州川，莽曰泰德。"《说文·水部》"渐"下段注："班、许、《水经》皆曰渐江水，郦氏注则曰浙江，盖《水经》以后无称渐江者，其前则《山海经》《吴越春秋》《史记》皆曰浙江，《山海经》有出于汉人者，汉人之书《地理志》《说文》为谨严，据许立文，曰江至会稽山阴为浙江，谓崏江也。曰渐江水出丹阳黟南蛮中，谓今钱唐江也，分别画然，盖浙江者，崏江之委，渐江者，钱唐江源流之总称，二水古于山阴相合，故可统名之曰浙江，后世水道绝不相通，而钱唐江犹冒浙江之名，失其本号耳。"又"浙"字下段注："《说文》浙、渐二篆分举划然，后人乃以浙名冒渐，盖由二水相合。"

清阮元以《说文》"渐""浙""迤"三字为据，著《浙江图考》，考述了"浙水"取名于"水流曲折"之义，云："惟江至江都而曲，故广陵之江曰曲江，惟江至吴南而折，故余姚入海之江曰浙江，曲犹环曲之义，折则方折矣。……《卢肇海潮赋》云：'浙者，折也。潮出海，屈折而倒流也。'诸说知浙之取义于折，而不知折之取义于吴南之江，试思黟中渐水自西而东南至钱塘，虽非直注，何有于折？惟石城之水由吴县南折而钱塘，又由钱塘折而余姚乃可谓之浙江之义。"①阮元合《地理志》石城之分江水与吴县之南江水为一，认为"浙水"与"渐水"为截然不同之二水，前者乃《地理志》之南江，江自石城，东注太湖，由嘉兴南至钱塘，而东折至余姚入海。后者发源于黟县，向东入海。即《地理志》"分江水"下游约今太湖杭州间的浙西运河及杭州以下的钱塘江为古浙江。今杭州市以上钱塘江当古渐水，汉后因浙江故道渐淤废，后人始以浙江一水指称古渐水。《山海经》"浙"乃"渐"字之误，"浙""渐"一声之转，《史记》《吴越春秋》的浙江专指杭州以下的钱塘江。

王国维《浙江考》详细考辨了《史记》记载的六处"浙江"，认为秦汉之间，以今钱塘江为浙江，"浙""渐"为一水，其考辨过程列举如下：

《史记·秦始皇本纪》："过丹阳至钱唐，临浙江。水波恶，乃西百二十里从狭中渡。"

《史记·项羽本纪》："秦始皇帝游会稽，渡浙江。"

王国维按：若谓此浙江为分江水，则自丹阳至钱唐，当先渡浙江，不得云"至钱唐，临浙江"也，若以浙江为《汉志》之南江，则自钱唐至山阴，不需渡浙江；又钱唐之西二十里不得复有浙江也。则《本纪》之浙江，正谓钱唐之江也。

《史记·高祖功臣表》"堂邑侯陈婴"下云："定豫章浙江，都折。"（《汉书·侯表》作"都渐"）"费侯，陈贺"下云："定会稽浙江湖阳。"

王国维按：盖汉之定江南也，陈婴之兵自豫章至浙江之上游，定太末、黟、歙诸县，陈贺之兵自会稽（时会稽郡治吴），至浙江之下游，定钱唐、余暨、山阴诸县，陈婴所都之地，《史记》作折，《汉书》作渐，盖即《汉志》《说文》《水经》所谓蛮夷中地，非以水名地，即以地名水，尤浙渐为一之明证矣。湖阳，《汉表》作湖陵，即《越绝书》及《吴志·孙静传》之固陵（即今西兴）。……故陈贺定浙江后，即至湖陵，则《侯表》中之浙江，亦谓今之钱唐江也。②

清顾祖禹《读史方舆纪要·浙江一》："浙江之源有三：一为新安江，或谓之徽港（班《志》谓之浙江水），源出徽州府西北百二十里之黟山（今名黄山）。"《明史·地理志》："南有钱塘江，亦曰浙江，有三源：曰新安江，出南直歙县；……至会稽县三江海口入海。"新安江为钱塘江主干，若汉时已以钱

① （清）阮元. 浙江图考 [M]. 续修四库全书（第1478册），上海：上海古籍出版社，2002：686-687.

② 王春瑜. 新编日知录 [M]. 兰州：兰州大学出版社，2005：13-14.

塘江为浙江，则起黟山之水当为"浙江"无疑。

《中国历史大辞典》《资治通鉴大辞典》皆认同王国维《浙江考》的观点，认为《说文》对"浙"字的解释不足为据。

【清漳水】

《说文·水部》："漳，……清漳出沾山大要谷，北入河。"

《汉书·地理志》："（上党郡沾）大黾谷，清漳水所出，东北至邑成入大河，过郡五，行千六百八十里，冀州川。"

按：《说文》各大家也考释了"清漳水"所过郡数，与《汉书·地理志》同，皆过五郡。《水部》"漳"下段注："《前志》'沾'下曰：'大黾谷，清漳水所出，东北至阜成入大河，过郡五，行千六百八十里，冀州川。'过郡五者，上党、魏郡、清河、信都、勃海也。"

然而，他对所经郡的描述与研究《地理志》的学者存在一些差异，而研究《地理志》的学者的看法亦不统一，如《新斠注地理志集释》[①]认为清漳水过上党郡、魏郡、广平国、巨鹿郡、信都国五郡。清吴卓信《汉书地理志补注》认为过上党郡、魏郡、清河郡、信都国、勃海郡五郡，与段注同。他们都赞成过上党郡、魏郡、信都国三郡，而在是否流经广平国、巨鹿郡、清河郡、勃海郡问题上存在异议。对这个问题进行探讨对《地理志》以及说文学研究都具有重大价值。

上文第三章"句式不同形成的异文"一节详细论述了《地理志》中"至"的用法。即"至某地入某水"句式中，"至"后面的地名，是河流与流入河流共同流经之地。以之为线索，可以通过《地理志》对"清漳水"以及"流入清漳水的河流"的描述，探讨一下"清漳水"的流经郡的情况。据《地理志》，清漳水出于上党郡，至邑成入大河。"邑成"即"阜成"，西汉属勃海郡。

同书"上党郡长子"下云："鹿谷山，浊漳水所出，东至邺入清漳。"清漳流经邺县，西汉时邺县属魏郡。故现在我们可以确定的是清漳水至少流经"上党郡""魏郡""勃海郡"三郡。

《汉书·地理志》"清河郡信成"下云："张甲河首受屯氏别河，东北至蓨入漳水。"

同书"魏郡武安"下云："钦口山，白渠水所出，东至列人入漳。"

此处存在一个问题是入"漳"，"漳水"指代不明，因为漳水不仅有清漳

---

① 《新斠注地理志集释》，（清）钱坫撰，徐松集释，为校补《汉书·地理志》之作，清同治十三年（1874）会稽章氏用盰进斋本校雠重刻本。

水，还有浊漳水和南漳水。其中，南漳水出于南郡，清河郡之"张甲河"与魏郡之"白渠水"距南郡较远，故此处"漳"先排除南漳水的可能性。

至于"清漳水"和"浊漳水"，二者关系比较混乱，《说文·水部》与《汉书·地理志》皆载浊漳水入清漳水，而《水经注》则认为清漳水入浊漳水。《水经注·清漳水》："（清漳水）东至武安县南黍窖邑，入于浊漳。"又《浊漳水》："又东过武安县南。（浊）漳水于县南，清漳水自涉县东南来流注之。"可见《水经注》时清漳水与浊漳水的水系关系是相反的。《说文·水部》"漳"下段注："《志》言浊漳入清漳，清漳入河，《经》言清漳入浊漳，浊漳会虖沱入海。乖异者，当缘作《水经》时与作《志》时异也。"在汉代，浊漳水出于上党郡长子县，向东于魏郡邺县入清漳水。而清漳水出上党郡，东南流经魏郡邺县，后北于勃海阜成县入河。

清漳水、浊漳水的流经地域已经确定，我们再看上述入漳二水的情况，西汉时，蓨县、列人县属信都国、广平国，其位置都在魏郡以东，故此处"漳"不应为浊漳水，而当为清漳水，故清漳又流经信都国、广平国二郡。

以上可以看出清漳水流经上党郡、魏郡、广平国、信都国、勃海郡，然而从谭其骧《中国历史地图集》看，广平国与信都国并不是相邻的，从广平国到信都国如果没有断流则必然或经过巨鹿郡或经过清河郡。

这里我们可以从《水经注》寻找线索，前文已述，《水经注》自武安县以下之"浊漳水"当属《汉书·地理志》之清漳水。《水经注·浊漳水》自"武安县"下先后又经过魏郡邺县；广平国列人县、曲周县；巨鹿郡巨鹿县、堂阳县；信都郡扶柳县、信都县、下博县；勃海郡阜城县、成平县、章武县、平舒县。加上清漳水所出之上党郡共六郡，故段注与《汉书·地理志》在描述清漳水所过郡数时都存在失误，"郡五"当作"郡六"。

3. 考释俟考河流

《说文·水部》存在着大量的俟考河流，通过与《汉书·地理志》的异文研究，可以帮助《说文·水部》考释俟考河流。

【濱水—资水】

《说文·水部》："濱，……一曰水名。"

《汉书·地理志》："（零陵郡都梁）路山，资水所出，东北至益阳入沅，过郡二，行千八百里。"

按：《说文·水部》仅述"濱"为水名，但未具体说明此为何水，其实此水即《汉书·地理志》之"资水"。《说文·水部》"濱"下段注："《广韵》曰在常山郡。"严可均校议："《地理志》'零陵郡都梁'：'路山，资水所出即此。'"

清王绍兰《说文段注订补》:"《地理志》常山郡有滋水,在南行唐,别未见有
濊水。滋水即滋,下云'出牛饮山白陉谷,东入呼沱'者,明《广韵》所傅非
许说,段氏据之,殊为未审,今考《地理志》零陵郡都梁下云:'路山,资水
所出,东北至益阳入沅,过郡二,行千八百里。'《水经》资水出零陵郡都梁县
路山,东北过夫夷县东北,过邵陵县之北,又东北过益阳县北,又东与沅水合
于湖中,东北入于江,资乃濊之省文,许所傅盖即《汉志》之资水也。"

【濊】

《说文·水部》:"濊,水。出庐江,入淮。"

《汉书·地理志》:"(庐江)金兰西北有东陵乡,淮水出。属扬州。"

按:《说文·水部》"濊水"介绍较为简省,《汉书·地理志》亦载此水,
但作"淮水",不作"濊水",清王念孙《读书杂志·汉书第六·地理志》:"淮
当为灌,即下文灌水北至蓼入决者也。……许慎曰出零娄县,……盖谓此水也,
灌水东北径蓼县故城西,而北注决水也,故《地理志》曰决水北至蓼入淮,灌
水亦于蓼入决,据此,则淮水为灌水之误明矣。"《汉书·地理志》"庐江郡淮
水"下王先谦补注:"王(念孙)说淮即灌,是矣。然改淮为灌,则非。……《说
文》:'濊,水。出庐江,入淮。从水惠声。'灌、浍、濊、淮,音出一原,字
经数变。班《志》此郡未有濊水,可悟《说文》之濊水,即此《志》之淮水,
各据所闻见记之,而皆不知为灌水也。"

4. 校正《说文》标点

《说文句读》由清王筠(1784—1854)撰写,"句读:同句逗。以其解释简
明,又加句逗,方便初学,故名《说文句读》"①。通过与《汉书·地理志》的
异文研究,可以帮助《说文·水部》校正句读失误。

【沱水】

《说文·水部》:"沱,江别流也。出嵋山东,别为沱。"(采王筠《说文句读》
的标点)

《汉书·地理志》:"嵋山道江,东别为沱。"

《汉水·地理志》"东别为沱",王筠《说文句读》把"东别"断开。

按:《说文句读·水部》:"言江出嵋山而东,即派别为沱也。"据汉代地理
可知,江水是东南流的,沱水是东行的。按照意义,标点当加在"嵋山"后,
"东别"之前。若加在"嵋山东"后面,意义截然不同,可理解为凡江水支流,
无论是何走向,均为"沱水",因江水支流众多,若作"别为沱",则指称不

---

① 赵传仁,鲍延毅,葛增福. 中国古今书名释义辞典 [Z]. 济南:山东友谊书社,1992: 129.

够精确。且《地理志》此句完全摘录《尚书·禹贡》原文,《水部》亦是依照《尚书·禹贡》的,其义当与《尚书·禹贡》相符,"别为沱"与原义不符。

"沱水"是"江水"的支流,二水别的地点为今灌县(即都江堰市)离堆。自灌县离堆,"沱水"东流。

【涧水】

《说文·水部》:"一曰涧,水。出弘农新安东南,入洛。"(采王筠《说文句读》的标点)

《汉书·地理志》:"(弘农郡新安)《禹贡》涧水在东,南入雒。"

王筠《说文句读》在"东南"后面断开,《汉书·地理志》在"东"后面断开。

按:涧水先合穀水,东北注入雒水,汇入点在雒阳县西南。《汉书·地理志》:"(弘农黾池)穀水出穀阳谷,东北至谷城入雒。"《水经注·涧水注》:"《山海经》曰:'白石之山,惠水出于其阳,东南注于洛,涧水出于其阴,北流注于谷。'"清齐召南《水道提纲·入河巨川》:"又东北出重山,至河南府城洛阳县西南境有涧水合穀水,西北自渑池新安来会。"清顾祖禹《读史方舆纪要·河南三·河南府》:"涧水,……东流经新安县东而合穀水,穀水出渑池县南山中穀阳谷,东北流,经新安县南,又东而与涧水会。"故涧水当东北入雒。涧水出新安白石山阴,即涧水流经新安县南。因此,《说文句读》的标点更准确一些。

第二节　历史地理学价值

《说文·水部》与《汉书·地理志》异文具有很大的历史地理学价值,从宏观角度来看,《说文·水部》与《汉书·地理志》异文研究可以帮助我们系统地了解秦汉时期的地理面貌,把河流放在地理坐标之中,了解其大致位置;考察各河流之间的水系关系,从而对西汉的河流面貌有一个更为宏观的把握。从微观的角度来看,《说文·水部》与《汉书·地理志》异文研究可以帮助我们了解秦汉时期各地名情况,了解地名之间的关系及其发展演变情况,本节笔者从两个方面分析异文的历史地理学价值:

(一)全面了解秦汉时期的地理面貌

《说文·水部》与《汉书·地理志》异文研究,可以帮助我们更好地梳理秦汉时河流情况,通过对比研究,笔者发现《汉书·地理志》是以郡县为单位对水流进行编排，而《说文·水部》中水名专用字的编排原则，许慎并未进行说明，《说文》在流传过程中，经历代增、减、删、补、篡改，其字序多有错乱。我们可以按照行政建制的顺序以及水系分布的顺序对《说文·水部》与《汉书·地理志》共同收录的河流进行编排，这样不仅可以使河流处于地理坐标体系之中，使我们更好地查检河流，还可以使位置相近的河流统一起来，使我们了解秦汉时期的水系关系。

按照《后汉书·郡国志》（以下简称《郡国志》）的顺序对《水部》与《地理志》的河流进行统筹，其原因有两个：①《后汉书·郡国志》按东汉十三州州郡顺序排列，易于统筹河流；②《汉书·地理志》反应的是成帝元延绥和（公元前 12—前 7 年）间的情况，而户籍则是反映汉平帝元始二年（公元 2 年）的情况。《说文》成书于汉和帝永元十二年（公元 100 年），《后汉书·郡国志》的政区资料大约反映顺帝永和五年（公元 140 年）的情况。它们时代还是比较相近的。且三书中出现的郡国级行政区划数目相当，如表 4.1 所示：

表 4.1　《水部》《地理志》《郡国志》三书所见郡国级行政区划数量对比 ①

数目　　文献 各级区划	《汉书·地理志》		《说文·水部》	《后汉书·郡国志》	
	总数	亦见于《说文》者		总数	亦见于《说文》者
郡、国	103	80	82	105	79

以上是针对整部《说文》来说的，而从《说文·水部》与《汉书·地理志》异文来看，它们所举郡县均在《后汉书·郡国志》之列。

1. 按《后汉书·郡国志》的顺序排列 ②

【右司隶】

河南尹：溴（滱 ③）水、潘水 ④

---

①　表表格摘自张媛 .《说文解字》中汉代郡国级政区新线索 [J]. 首都师范大学学报（社会科学版），2011（5）：27–29.

②　因河流一般流经多县，这儿按照河流发源地所在郡排列。列举水名时以《汉书·地理志》水名为主，《说文·水部》如有异文，则用（ ）列出，并加以说明，若《汉书·地理志》有明显错误，则进行订正说明。

③　《说文·水部》"溴""滱"两收。

④　《说文·水部》与《汉书·地理志》所记"潘水"所指不同，此为《说文·水部》之潘水。《汉书·地理志》载会稽郡之潘水。

河内郡：淇水、荡水

河东郡：沇水

弘农郡：育（淯）^①水、汝水^②、涧水

京兆尹：潏^③水、浐水

左冯翊：洛水

右扶风：汧水、涝水、漆水

【右豫州】

颍川郡：颍水、洧水

汝南郡：汝水、濯水^④

陈国^⑤：濄（涡）水

【右冀州】

魏郡：寪（寝）水

常山国：渚水、洨水、济水、沮（泜）水、滋水

赵国：渠（潬）水、冯（滮）水

【右兖州】

陈留郡：濮渠水（濮水）、卞（汳、潘）^⑥水

东郡：漯水

泰山郡：洙水、沂水^⑦

山阳郡：泡水、菏水

济阴郡：泗水

【右徐州】

东海郡：沂水

琅邪国：术（沭）水、潍水、浯水、汶水

【右青州】

北海国：溉水

---

① 《汉书·地理志》另有南阳郡之育水。

② 《说文·水部》载弘农之汝水，《汉书·地理志》载汝南郡之汝水。

③ 《汉书·地理志》作出右扶风，误。

④ 《说文·水部》与《汉书·地理志》所载濯水不同，此为《说文·水部》汝南郡之濯水。

另《汉书·地理志》还有安定郡之濯水。

⑤ 高帝置为淮阳，章和二年（88）改。

⑥ 《汉书·地理志》"汳水"，《说文·水部》"汳""潘"两收。

⑦ 《说文·水部》另载东海郡之沂水。

东莱郡：治水

齐国：洋水、浊水

【右荆州】

南阳郡：育水、灈水、淮水、湡水、沣（澧）水

南郡：南漳水、洈水

零陵郡：资（濱）水、湘水

桂阳郡：秦（溱）水、汇（洭）水

武陵郡：潭水

【右扬州】

丹阳郡：渐江水①、泠水

庐江郡：灌水、淮（溇）水

会稽郡：潘水

【右益州】

汉中郡：沮水

巴郡：瀼水

广汉郡：涪水、驰（潼）水

蜀郡：江水、浅水、大渡（沫）水、湔水

犍为郡：温水

牂牁郡：沅水

越巂郡：绳（淹）水

益州郡：滇池、涂水

【右凉州】

陇西郡：洮水、渭水、养（漾）水

武都郡：沮（沔）水

金城郡：河水、湟水

安定郡：泾水、灈水

北地郡：沮（渣）水、泥水

张掖郡：弱（溺）水

【右并州】

上党郡：沁水、沾水、潞水、清漳水、浊漳水

太原郡：汾水

---

① 《汉书·地理志》渐江水，《说文·水部》"渐""浙"二字两收。

雁门郡：治（灅）水

【右幽州】

涿郡：濡水

代郡：㴚水、涞水

渔阳郡：沽水

右北平郡：灅水

辽西郡：渝水

辽东郡：沛水

乐浪郡：洌水

2.按水系顺序排列

古代水流较为丰富发达的流域主要有河水（黄河）水系、长江水系、淮河（淮水）水系，水系复杂的地域，古代典籍经常会错乱，因此对水流的编排可以使我们了解各水流之间的关系。

黄河水系：河水、湟水、洮水、渭水、汾水、沇水、沛水、沁水、淇水、沾水、漯水、清漳水、浊漳水、㴚河、涞水、汧水、澹水、浐水、泾水、洛水、涝水、漆水、涧水。其具体信息如表4.2所示。

表4.2　黄河水系信息表

水名	《水部》名称	《地理志》名称	发源地	流入水名	流入地	今发源地	今流入地
河水	河	河水	金城郡	海	章武	青海曲麻莱县	渤海
湟水	湟	湟水	金城郡	河	允吾	青海海晏县	黄河
洮水	洮	洮水	陇西郡	河	枹罕	青海河南蒙古族自治县	黄河
渭水	渭	渭水	陇西郡	河	船司空	甘肃渭源县	黄河
汾水	汾	汾水	太原郡	河	汾阴	山西宁武县	黄河
沇水	沇	沇水	河东郡	海	琅槐	河南济源	黄河
沛水	沛	沛水		海		河南济源	黄河
沁水	沁	沁水	上党郡	河	荥阳	山西沁源县	黄河
淇水	淇	淇水	河内郡	河	黎阳	山西陵川县	卫河
沾水	沾	沾水	上党郡	淇	朝歌	山西壶关县	淇水

水名	《水部》名称	《地理志》名称	发源地	流入水名	流入地	今发源地	今流入地
㶟水	㶟	㶟水	东郡	海	千乘	山东	海
清漳水	漳	清漳水	上党郡	河	邑成	山西昔阳县	漳河
浊漳水	漳	浊漳水	上党郡	清漳	邺	山西长子县	清漳水
滱河	滱	滱河	北地郡	河	文安	山西浑源县	大清河
涞水	涞	涞水	北地郡	河	容城	河北涞源县	大清河
汧水	汧	汧水	右扶风	渭		甘肃华亭市	渭河
澇水	澇	澇水	京兆尹	渭		陕西户县	渭河
浐水	浐	沂水	京兆尹	霸	霸陵	陕西蓝田县	灞河
泾水	泾	泾水	安定郡	渭	阳陵	宁夏泾源县	渭河
洛水	洛	洛水	左冯翊	渭		陕西定边县	渭河
涝水	涝	澇水	右扶风	渭	上林苑	陕西户县	渭河
漆水	漆	漆水	右扶风	渭		陕西麟游县	渭河
涧水	涧	涧水	弘农郡	洛		河南渑池县东	洛河

长江水系：江水、涪水、潼水、沱水、浅水、渐水、温水、灅水、潜水、沮水、涂水、沅水、绳水、漾水、汉水、沧浪水、沔水、㳽水、南漳水、浙江水、冷水、湘水、三灂水。其具体信息如表4.3所示。

表4.3 长江水系信息表

水名	《水部》名称	《汉志》名称	发源地	流入水名	入水地	今发源地	今流入地
江水	江	江水	蜀郡	海	江都	四川松潘县北	东海
涪水	涪	涪水	广汉郡	汉	垫江	四川阿坝藏族羌族自治州	嘉陵江
潼水	潼	驰水	广汉郡	垫江		四川绵阳市	涪江
沱水	沱	沱水				四川成都郫都区	长江
浅水	浅	渍水	蜀郡	江	南安	四川丹巴县	岷江

水名	《水部》名称	《汉志》名称	发源地	流入水名	入水地	今发源地	今流入地
湔水	湔	湔水	蜀郡	江	江阳	四川成都	沱江
温水	温	温水	犍为郡	江	别	湖南娄底	乌江
灊水	灊	潜水	巴郡	江		四川万源	嘉陵江
潜水	潜	灊	汉中郡	汉		湖北潜江	汉水
沮水	沮	沮水	汉中郡	江	郢	湖北房县	长江
涂水	涂	涂水	益州郡	绳	越巂	云南昆明	金沙江
沅水	沅	沅水	牂柯郡	江	益阳	贵州都匀市	洞庭湖
绳水	淹	绳水	越巂郡	江	僰道	四川康定市	雅砻江
漾水	漾	养水	陇西郡	汉	武都	甘肃天水市	嘉陵江
汉水	汉	汉水				陕西宁强县	长江
沧浪水	浪	沧浪水		江	大别	陕西宁强县	长江
沔水	沔	沔水	武都郡	江	沙羡	陕西留坝县	汉江
淯水	淯	育水	弘农郡	沔	顺阳	河南嵩县	汉江
南漳水	漳	南漳水	南郡	阳水	江陵	湖北南漳县	沮漳河
渐江水	浙、渐	渐江水	丹阳郡	海		江西婺源县	新安江
泠水	泠	清水	丹阳郡	江	芜湖	安徽黟县	长江
湘水	湘	湘水	零陵郡	江	酃	广西灵川县	洞庭湖
三澨水	澨	三澨水		江	大别	湖北天门市南	汉水

　　淮水水系：淮水、汝水、潩水、灌水、溉水、淮水、澧水、灈水、颍水、洧水、涡水、汳水、泡水、泗水、洙水、沭水、沂水。其具体信息如表 4.4 所示。

表 4.4　淮水水系信息表

水名	《水部》名称	《地理志》名称	发源地	流入水名	入水地	今发源地	今流入地
淮水	淮	淮水	南阳郡	海	淮浦	河南桐柏山	洪泽湖
汝水	汝	汝水	汝南郡	淮	新蔡	河南嵩县	沙河
潕水	潕、瀙	潕水	河南郡	颍	临颍	河南新密	颍河
灌水	灌	灌水	庐江郡	淮	蓼	河南商城	史河
溵水	溵	溵水	南阳郡	汝	蔡	河南泌阳县	汝水
滍水	滍	滍水	南阳郡	汝	定陵	河南鲁山县	颍河
澧水	澧	澧水	南阳郡	汝	郾	河南方城县	沙河
瀙水	瀙	瀙水	汝南郡	溵		河南遂平县	奎旺河
颍水	颍	颍水	颍川郡	淮	下蔡	河南登封市	淮河
洧水	洧	洧水	颍川郡	颍	长平	河南登封市	贾鲁河
涡水	涡	涡水	淮阳国	淮	向	河南开封市	淮河
汳水	汳	卞水、获水		泗	彭城	河南荥阳市	淮河
泡水	泡	泡水	山阳郡	泗	沛	山东单县	泗水
泗水	泗	泗水	济阴郡	淮	睢陵	山东泗水县	京杭运河
洙水	洙	洙水	泰山郡	泗	盖	山东曲阜	沂水
术水	沭	术水	琅琊郡	泗	下邳	山东沂水县	黄海
沂水	沂	沂水	泰山郡	泗	下邳	山东沂源县	黄河

　　河流是汇通的，我们在考释河流时，可以通过河流间相互关系对异文进行考释，多条河流可以互证，这具有重要的历史地理学价值。

（1）"渨水"诸水

【渨水—渠水】

《说文·水部》："渨，水。出赵国襄国之西山，东北入寖。"

《汉书·地理志》："（赵国襄国）西山，渠水所出，东北至任入寖。"

《说文·水部》"渨水"，《汉书·地理志》作"渠水"。

按：《说文·水部》"渨"下段注："《前志》'襄国'下曰：'西山，渠水所出，东北至广平国任县入漳。'按：渠水当是渨水之讹。"桂馥义证："《地理志》'赵国襄国'：'西山，渠水所出，东北至任入浸。'渠水即渨水。"清全祖望《鲒埼亭集外编》卷四十五"水经列葭水帖子柬东潜"："渨水亦出赵国襄国之西，东北山入浸，是即今本《汉志》讹为渠水者也。渠、渨同声而讹耳。"

【渜水—冯水】

《说文·水部》："渜，水。出赵国襄国，东入渨。"

《汉书·地理志》："（赵国襄国）又有蓼水、冯水，皆东至朝平入渨。"

《说文·水部》"渜水"，《地理志》作"冯水"。

按：《说文·水部》"渜"下段注："《前志》'襄国'下云：'又有蓼水、冯水皆东至广平国朝平入渨。'按：冯水当是渜水之讹字之误也。'广平国南和'下云：'列葭水东入渜。'盖渨渜二水今不可别矣，渜入渨，渨入浸，浸入虖沱，虖沱移徙不常，故道：'今不可考。'"桂馥义证："冯水即渜水，不知何以讹为冯。"

【渚水】

《说文·水部》："渚，水。在常山中丘逢山，东入渨。从水，者声。《尔雅》曰：'小洲曰渚。'"

《汉书·地理志》："（常山郡中丘）逢山长谷，渚水所出，东至张邑入浊，莽曰直聚。"

《说文·水部》渚水入"渨"，《汉书·地理志》作入"浊"。

按：《汉书·地理志》各版本作"诸水"，王先谦已校正，改作渚水。《说文·水部》"渚"下段注"按：诸当作渚，浊当作渨，皆字之误也，张邑即广平国之张也，中丘渚水俟考。"桂馥义证："东入渨者，《地理志》：'诸水东至张邑入浊。'浊当为渨。"

这其中涉及四水，分别为渨水、渜水、渚水、漳水，《水经注·浊漳水》："其水与隔醴通为衡津。"杨守敬疏："赵氏所采渨水、列葭水、渜水、蓼水、渚水，多本全（祖望）说，皆在阙卷中，大抵皆入浸水。浸水一名洺水。郦氏必有《洺水》篇，详叙所纳诸水，今《洺水》篇亡，而诸水均只零星一二语，见于《寰宇记》矣。"

据上，它们的关系可表示为渨水发源赵国襄国，途经广平国朝平，渜水入之，至张县，渚水入之，后至任入漳水。渜水发源赵国襄国西山，途经广平郡南和，列葭水入之，至广平国朝平入渨水。渚水发源于常山郡中丘，张县入渨水，而漳水出魏郡武安，至东昌入虖池河。

（2）"绳水"诸水

【涂水】

《说文·水部》："涂，水。出益州牧靡南山，西北入渑。"

《汉书·地理志》："（益州郡收靡）南山腊谷，涂水所出，西北至越巂入绳，过郡二，行千二十里。"

按：《说文·水部》"涂"下段注："绳，各本讹作渑，今正。"钮树玉校录："《说文》无'渑'字，《地理志》及《水经·若水》下皆作'绳'。"

【淹水—绳水】

《说文·水部》："淹，水。出越巂徼外，东入若水。"

《汉书·地理志》："（越巂郡遂久）绳水出徼外，东至僰道入江，过郡二，行千四百里。"

按：至于淹水、绳水的关系，前文中已有详细说解，笔者认为，"绳"与"渑"音近，故又可作"渑"，而"淹"是其形近讹字。涂水入的"渑水"当为"绳水"。这为之前的推测提供了可靠的依据，同时，发现《汉书·地理志》入绳水者还有"若水""毋血水"等，而无其他入渑水者。如《汉书·地理志》："（蜀郡牦牛）若水亦出徼外，南至大莋入绳，过郡二，行千六百里。"《汉书·地理志》："（益州郡弄栋）东农山，毋血水出，北至三绛南入绳，行五百一十里。"

（二）了解秦汉时期各地名情况

《说文·水部》与《汉书·地理志》异文研究可以帮助我们了解秦汉时期的河流面貌，对此，第二章"地名词""方位词"中已有大量的介绍。其中大量的郡县名、山名、水名、谷名和泽名等，使我们对西汉的地名有了一定的理解，下面略举两例，进行说明。

【淯水—育水】

《说文·水部》："淯，水。出弘农卢氏山，东南入海。从水，育声。或曰出郦山西。"

《汉书·地理志》："（弘农郡卢氏）又有育水，南至顺阳入沔。"

《汉书·地理志》："（南阳郡郦）育水出西北，南入汉。"

《说文·水部》"淯水"，《汉书·地理志》作"育水"。

按：《说文·水部》"淯水"即《汉书·地理志》之"育水"，"淯"与"育"为古今字，前文已述，此不做赘述。《说文·水部》淯水存在两说，一为弘农卢氏山，一为郦山西。《汉书·地理志》亦兼存两说。

然而二者兼载的两种说法亦存在差异，《说文·水部》卢氏山，《汉书·地理志》作卢氏；《说文·水部》入海，《汉书·地理志》作入沔、入汉。下面笔者一一进行分析。

入海当作入沔。沔水即汉水。《说文·水部》"淯"下段注："许谓西汉为汉，谓东汉为沔，故涪下曰入汉，淯下曰入沔。"严可均校议："宋本作入海，误。""海"为"沔"的形近讹字。

我们再看一下弘农郡之水与南阳郡之水是什么关系。段玉裁认为二者异源而同流。《说文·水部》"淯"下段注："盖出郦山者与出卢氏山者异源而同流。故班、许皆兼述之也。"《水经注·淯水》："淯水出弘农卢氏县攻离山。"杨守敬疏："段玉裁注《说文》又谓二淯异源同流，亦未悟此截然二水，非本一水，而源有远近也。"弘农郡之水与南阳郡之水俱入沔水，二者为先后流入沔水的河流，为不同的二水。弘农之淯水即《水经注》之均水。《水经注·均水》："均水发源弘农郡之卢氏县熊耳山，……均水南径顺阳县西，……西有石山，南临沟水，沟水又南流注于沔水，谓之沟口者也。故《地理志》谓之淯水，言熊耳之山，淯水出焉。又东南至顺阳，入于沔。"《水经》"均水出析县北山"下杨守敬疏："《汉志》析县下无钧水，而'丹水'下有'水东至析入钧'之文，知本有钧水也。然诊其川流，除卢氏之育水外，别无可以当钧水者，故《水经》于浙县变称均（钧、均古通）水以通之。"弘农郡之淯水于顺阳县入沔水，上述均水在顺阳县入沔水，且顺阳县属南阳郡，而沔水在南阳郡经过均水、筑水、淯水三水，后一个淯水为发源于郦县之淯水，筑水发源于汉中郡，只有均水发源于弘农郡，故以此对应，只有均水符合弘农郡淯水的特征。《水经注·沔水》："沔水又东南径武当县故城东，又东，曾水注之。……均水于县入沔，谓之均口也。又东南过酂县之西南。……又南过谷城东，又南过阴县之西。……沔水又南径筑阳县东，又南，筑水注之。……又东过襄阳县北，……又从县东屈西南，淯水从北来注之。襄阳城东有东白沙，白沙北有三洲，东北有宛口，即淯水所入也。"故弘农郡之淯水（均水）发源于卢氏之熊耳山。

【浐水—沂水】

《说文·水部》："浐，水。出京兆蓝田谷，入霸。"

《汉书·地理志》："（京兆尹南陵）沂水出蓝田谷，北至霸陵入霸水。"

《说文·水部》"浐水"，《汉书·地理志》作"沂水"。

按："浐水"为关中八川之一，历史上很早便出现了关于"浐水"的记载。如《史记·封禅书》："灞、产、长水、沣、涝、泾渭皆非大川，以近咸阳，尽得比山川祠，而无诸加。"西晋潘岳《关中记》："泾、渭、霸、浐、酆、镐、潦、潏，《上林赋》所谓八川。"京兆尹南陵之水，《水经注》亦作"浐水"。《水经注·浐水》："浐水出京兆蓝田谷，北入于灞。《地理志》曰：'浐水出南陵县之蓝田谷。'"可见《地理志》"沂水"乃"浐水"之误，且"沂水"除《地理志》记录之外，其他史书无载。

《汉书·地理志》"沂水"下颜师古注："沂，音先历反。"在讨论"沂"致误之由时，不少学者从反切入手进行探究。《说文·水部》"浐"下段注："此乃大谬，沂者，浐字之误。"徐笺："愚谓小颜先历切之音，必有其故，断非无因出此者，疑浐为薛之伪，'薛'，梵书作'薜'，见《一切经音义》卷四，俗书作'薩'，遂讹为'薩'耳。'薛'，私利切，声转为先历切，又为桑葛切也。"桂馥义证："沂当为泝，正作溯，《玉篇》：'庶，……大也。……充满也。'秦穆公欲以章霸功之开拓充盛，故名溯水，后世读'溯'为桑故切，但主溯洄一义，遂不解先历反为何字矣。"

上皆为推测之论，还有学者力图通过考述此水今流来考证此水，辛德勇（1985）在《〈水经·渭水注〉若干问题疏证》中对"浐水出京兆蓝田谷，北入于灞"一文中"浐水"进行了疏证，在书证中引用了三个人的观点：①清代孙星衍的观点，认为浐水指今蓝桥河（蓝水）；②清代赵一清《水经注》认为"浐水"为"沂水"之误，"沂水"即"泥水"，大致指今蓝田以东灞河干流河段；③杨守敬在《水经注图》中将浐水绘为发源于秦岭下，纵贯白鹿原，在今蓝田以下，灞浐之交以上注入灞水，而在实地并不存在相应的水道。[1]

王社教（1996）《沂水辨》列举了两种观点：①赵一清《水经注》，认为"浐水"为"沂水"之误；②《蓝田县志》认为"沂水"即"长水"，原文为："所谓沂水乃是长水，又名荆溪水，水出白鹿原上，北至霸陵入霸水，是沂水者，乃长水之异名而非浐水之误字。"并一一否定了这些观点："将沂水释为泥水，即灞水上源之别称者，谓若将沂水释为今浐河，就难以解释蓝田谷何以会为东西二水所出……若将沂水释为长水，即今荆峪沟，虽因其下注浐水，得与浐水混称，尚能说得通，但也存在一些问题。一方面，长水不如灞浐昭彰，何以《汉志》取长而舍浐？另一方面，《汉志》云：'沂水出蓝田谷，北至灞陵入灞水，而据《水经注》，长水发源于白鹿原上，西北流至汉宣帝杜陵东北入于浐水，并非源自蓝田境南山某谷。'"[2]

关于古"沂水"，众说纷纭，这源于我们一直视《汉书·地理志》为金科

① 辛德勇.《水经·渭水注》若干问题疏证 [J]. 中国历史地理丛刊, 1985（2）: 382–403.

② 王社教. 沂水辨 [J]. 陕西师范大学学报（哲学社会科学版）, 1996（3）: 99.

玉律，对其深信不疑。而实际上，这可能是《汉书·地理志》的一个误字而已。对于"浐水"和"沂水"的说法，尚需进一步考察，而《说文·水部》与《汉书·地理志》异文是十分宝贵的参考语料。

《说文·水部》与《汉书·地理志》异文可以帮助我们了解秦汉时的地名情况，《说文·水部》与《汉书·地理志》各有其独有的内容，即不存在对应点的地方，也有一些二者相同的内容，它们也有可能会存在一些失误，对其进行研究同样有利于我们了解秦汉时的地理情况。如：

【郡三】

《说文·水部》："颍，水。出颍川阳城干山，东入淮。从水，顷声。豫州浸。"

《汉书·地理志》："（颍川郡阳城）阳干山，颍水所出，东至下蔡入淮，过<u>郡三</u>，行千五百里，荆州寖。有铁官。"

《汉书·地理志》过郡"三"，《说文·水部》无。

按：《说文·水部》"颍"下段注："过郡三者，颍川，淮阳，沛郡也。"《汉书·地理志》"颍水"下王先谦补注："过颍川、汝南、沛。"与段注所说不同。

同书"河南郡荥阳"下载："有狼汤渠，首受沛，东南至陈入颍，过郡四，行七百八十里。"说明颍水流经陈县，西汉"陈县"属淮阳国。

又"河南郡密"下载："有大騩山，潩水所出，南至临颍入颍。"颍水流经临颍县，西汉"临颍县"属颍川郡。

又"颍川郡阳城"下载："阳城山，洧水所出，东南至长平入颍，过郡三，行五百里。"颍水流经长平县，西汉"长平县"属汝南郡。

颍水本身"至下蔡入淮"，西汉"下蔡县"属沛郡，故颍水出颍川郡，流经淮阳国、汝南郡、沛郡，故颍水至少流经四郡，而非三郡。

【郡七、行二千】

《说文·水部》："江，水。出蜀湔氐徼外崏山，入海。"

《汉书·地理志》："（蜀郡湔氐道）《禹贡》崏山在西徼外，江水所出，东南至江都入海，过郡<u>七</u>，行<u>二</u>千六百六十里。"

《汉书·地理志》过郡"七"，行"二"千，《说文·水部》无。

按："郡七"当作"郡九"，"二千"当作"七千"。《说文·水部》"江"下段注："今本九作七，行七千作行二千，今依徐锴所引正，过郡九者，蜀郡，犍为，巴郡，南郡，长沙，江夏，庐江，丹阳，广陵国也。"

《汉书·地理志》"蜀郡临邛"下曰："仆千水东至武阳入江，过郡二，行五百一十里。有铁官、盐官。莽曰监邛。"江水过武阳县，武阳县西汉属犍为郡。

同书"陇西郡西"："《禹贡》嶓冢山，西汉所出，南入广汉白水，东南至江州入江，过郡四，行二千七百六十里。莽曰西治。"江水过江州县，江州县属巴郡。

同书"南郡巫"："夷水东至夷道入江，过郡二，行五百四十里。"江水过夷道县，夷道县属南郡。

同书"牂柯郡故且兰"："沅水东南至益阳入江，过郡二，行二千五百三十里。"江水过益阳县，益阳属长沙国。

同书"武都郡沮"："沮水出东狼谷，南至沙羡南入江，过郡五，行四千里，荆州川。"江水过沙羡县，沙羡县属江夏郡。

同书"丹扬郡宛陵"："清水西北至芜湖入江。莽曰无宛。"江水过芜湖县，芜湖县属丹阳郡。

同书"会稽郡大末"："榖水东北至钱唐入江，莽曰末治。"江水过钱塘县，钱塘县属会稽郡。

同书"豫章郡雩都"："湖汉水东至彭泽入江，行千九百八十里。"江水过彭泽县，彭泽县属豫章郡。

江水出蜀郡，至广陵国江都县入海。因此江水至少流经蜀郡、犍为郡、巴郡、南郡、长沙国、江夏郡、豫章郡、丹阳郡、会稽郡、广陵国十郡。

江水为古代四渎之一，《尔雅·释水》："江、河、淮、济为四渎，四渎者，发源注海者也。"其中，江水、河水均横贯中国大陆东西，流经地域十分宽广，不可能仅有二千里。据《汉书·地理志》，河水过郡十六，行九千四百里。淮水过郡四[①]，行三千二百四十里。淮水发源于南阳郡平氏县，在东部地区，其长度不可能大于江水。济水长度《汉书·地理志》未载。

"湘水""沅水""洣水"均为江水支流，据《汉书·地理志》，沅水过郡二，行二千五百三十里；湘水过郡二，行二千五百三十里；洣水过郡三，行三千四十里。它们的长度不可能与江水相当或者大于江水，因此，此处"郡七"，"行二千"中"七""二"这两个数词不够准确。

【东南】

《说文·水部》："淮，水。出南阳平氏桐柏大复山，东南入海。"

《汉书·地理志》："（南阳郡平氏）《禹贡》桐柏大复山在东南，淮水所出，东南至淮浦入海。过郡四，行三千二百四十里，青州川。莽曰平善。"

---

① 就《汉书·地理志》的情况而言，淮水当流经南阳、汝南、六安、沛、临淮五郡，据《水经注》，淮水当流经南阳、江夏、汝南、庐江、九江、临淮六郡。

《说文·水部》与《汉书·地理志》皆作"东南"入海。

按:《说文·水部》"淮"下段注:"淮之古水道,今未有异,淮自平氏至入海大致东北行,东多北少,许云东南,南字误。"《汉书·地理志》"淮水"下王先谦补注:"《班志》《说文》俱作东南,南字误。"

第三节　辞书编纂价值

地名是汉语中具有专名性质的一类词语,各类辞书都会收录地名词,这为我们了解古代与现代的地理知识提供了便利的条件,然而在辞书编纂过程中,不少辞书编纂者并没有意识到地名编纂的特殊性,未充分利用地名的异文材料,且未充分利用地名研究成果。

《说文·水部》与《汉书·地理志》异文研究,不仅对地名训释有一定价值,而且对一般的词语解释也大有裨益,具有重要的辞书编纂价值。现代辞书中在地名的编纂上主要存在着体例不统一、释义待商榷两种情况。下面以《汉语大字典》《汉语大词典》《中国历史地名大辞典》为例对辞书中普遍存在的现象进行分析。

一、规范地名词体例

在解释地名词时,各辞书存在很大的随意性,未有行之一贯的体例。主要表现为互训体例不一贯,标注术语使用混乱。互训即相互训释,相互参考,这是辞书常用的体例。其特点为在常用词下进行详细说解,在曾出现但不常见的词下标明"见某词条""参见某词条"一语,这既符合经济原则,又对不常见的词立目,以方便我们查检。"互训"在训释地名词语方面也发挥着重要作用,一个地名,在不同的文献中可能记载为不同的名称,它们或是古今之别,或是词形不一,同名异称等。人们的认知水平是有限的,不可能对其所有名称都有所耳闻,故相互指称可以帮助我们更好地查检地名词。在收录地名词时,各辞书也是在不常见的地名词下标明"即+某地名"等,在标注时,除了"即"外,另有"同""一作""也作""后作"等术语。

地名异文研究成果并未充分运用到我们的辞书编纂中,部分辞书也会用异文来说明一些语言现象,但是还存在一些不完善之处,如未沟通异文之间的关系,笔者以《汉语大字典》《汉语大词典》《中国历史地名大辞典》三部辞书为例,通过它们对各地名的收录情况,说明其中的问题。其情况如表 4.5 所示。

表4.5　《汉语大字典》《汉语大词典》《中国历史地名大辞典》互见情况对照表

异文字对	例字	类型	《汉语大字典》①	《汉语大词典》②	《中国历史地名大辞典》③	互见情况
1. 潼/馳	潼	水名	①水名。在四川省梓潼县境。南流注入垫江			《中国历史地名大辞典》二字相互训释，术语为"又名""即"
			②水名。在四川省梓潼县境。也称小潼水			
			③又名馳水、梓潼水、潼江水			
	馳		①②皆未收			
			③即今四川梓潼、盐亭、射洪等县境之潼江、梓江			
2. 㳉/㳽	㳉	水名	①古水名。即今大渡河			《汉语大字典》《汉语大词典》《中国历史地名大辞典》"㳽"下训"㳉"，术语为"也作""也称""又名"
			②古水名。即现在的大渡河			
			③未收			
	㳽		①水名。也作"㳉"。即今四川省大渡河			
			②水名。也称"㳉"。就是现在的大渡河			
			③又名沫水、㳉水			
3. 濕/漯	濕	水名	①古水名，古代黄河下游主要支流之一，在今山东省境内，后作"漯"			《汉语大字典》《汉语大词典》"濕"下训"漯"，术语为"后作""同"。《汉语大词典》《中国历史地名大辞典》"漯"下训"濕"，术语为"亦作""作"
			②同"漯"，古水名			
			③未收			
	漯		①古水名。其水屡有变迁。古漯水为古黄河的支流，其故道自河南省浚县西南分出，行今黄河之北，经河北省入山东省，行今黄河之南，东流入海。古书记载，因时代不同，常有差异			
			②亦作"濕"。古水名。漯水，为古黄河的支流，其道屡有变迁			
			③一作漯川，漯，东汉许慎《说文》作"濕"，古代黄河下游主要支津之一			

异文字对	例字	类型	《汉语大字典》①	《汉语大词典》②	《中国历史地名大辞典》③	互见情况
4. 溺/弱	溺	水名	①水名，也作"弱水"，又名额济纳河。在甘肃省西北部。黑河自甘肃省金塔县天仓到内蒙古自治区额济纳旗湖西新村段的别称	②水名，即弱水	③即弱水	《汉语大字典》《汉语大词典》《中国历史地名大辞典》"溺"下训"弱"，其术语为"也作""即"
	弱		①未收	②弱水：古水名。由于水道水浅或当地人民不习惯造船而不通舟楫，只用皮筏济渡的，古人往往认为是水弱不能载舟，因称弱水。故古时所称弱水者甚多	③未收	
5. 漾/养	漾	水名	①古水名。今陕西省西南境的汉水上源	②古水名。汉水上流，源出陕西省宁强县北嶓冢山	③一作养水、瀁水	《中国历史地名大辞典》"漾"下训"养"，其术语为"一作"
	养		①②③皆未收			
6. 浸/寖	浸	水名	①古水名。未详。一说即洺水；一说即浊漳水。也作"濅""寖""寝"	②③未收		《汉语大字典》"浸"下训"濅""寖""寝"，其术语为"也作"。"寖"下训"浸"，其术语为"同"
	寖		①同"浸"。……按：《说文·水部》篆作"濅"，大徐本楷作"寖"，段玉裁注"隶作浸"	②③未收		
7. 灊/潜	灊	水名	①水名。也作"潜"。指四川省渠江及重庆市合川区以下一段嘉陵江	古水名，在四川省境，即今之渠江	③亦作潜水	《汉语大字典》"灊"下训"潜"，其术语为"也作"。《中国历史地名大辞典》"灊""潜"下相互训释，其术语为"亦作""一作"
	潜		①水名。嘉陵江支流，即今四川省中部和重庆市北部的渠江	②水名。嘉陵江支流，即今四川省的渠江	③"潜"一作"灊"	

异文字对	例字	类型	《汉语大字典》①	《汉语大词典》②	《中国历史地名大辞典》③	互见情况
8.淯/育	淯	水名	①水名。即河南省白河。源出河南省嵩县西南伏牛山，东南流注鸭河口水库，折向南流，入湖北省襄樊市襄阳区会唐河入汉水 ②古水名。即河南省白河，为汉江支流 ③一作育水			《中国历史地名大辞典》"育""淯"下相互训释，其术语为"一作""亦作"
	育		①②均未收 ③亦作淯水			
9.隗/騩	隗	山名	①山名 ②隗山：山名 ③一名大騩山			《中国历史地名大辞典》"隗"下训"騩"，其术语为"一名"
	騩		①山名。即大騩山。在今河南省荥阳市、新密市附近 ②山名。即大騩山。在今河南省密县附近 ③未收			
10.洭/汇	洭	水名	①古水名。即今广东省西北部的湟江、连江两水，源出广东省、湖南省交界山地，东南流经广东省连州市、阳山县，至英德市连江口注入北江 ②古地名、水名用字 ③未收			《中国历史地名大辞典》"汇"下训"洭"，其术语为"即"
	汇		①②未收 ③即洭水			
11.雝/雍	雝	州名	①同"雍" ②③未收			《汉语大字典》"雝"下训"雍"，其术语为"同"
	雍		①古州名。雍州。古九州岛岛之一，夏禹时设，在今山西、陕西至青海、甘肃一带地方 ②古九州岛岛之一 ③未收			

异文字对	例字	类型	《汉语大字典》①	《汉语大词典》②	《中国历史地名大辞典》③	互见情况
12. 溱/秦	溱	水名	①古水名。源出湖南省临武县南，北流汇武溪水，遂通称武水，下流合涯水为北江，又合桂水为珠江，入海			《中国历史地名大辞典》"溱""秦"下相互训释，"溱"下未用术语，"秦"下术语为"即"
			②水名。古肄水，源出湖南省临武县西南，北流入武溪水，遂通称武水			
			③古秦水			
	秦		①②未收			
			③即溱水			
13. 沔/沮	沔	水名	①汉水上源，在陕西省西南部。北源出陕西省留坝西，西源出陕西省宁强县北。东流同褒水、滑水汇合后称汉水			《汉语大字典》"沮"下训"沔"，其术语为"又称"，《汉语大词典》"沔"下训"沮"，其术语为"一名"
			②水名。北源出自今陕西省留坝县西，一名沮水			
			③未收			
	沮		①汉水北源，发源于陕西省略阳县，东南流至勉县，与汉水西源合。汉水古称沔水，又称沮水			
			②水名。汉水的别源。一名上沮水。出陕西省留坝县西，西南流折东南流至勉县西与汉水南源会			
			③未收			
14. 黟/黝	黟	县名	①县名。在安徽省南部。因境内有黟山而得名			《汉语大字典》《汉语大词典》"黝"下训"黟"，其术语分别为"同""即"，《中国历史地名大辞典》"黟"下训"黝"，其术语为"一作"
			②县名。在今安徽省。因境内有黟山而得名			
			③一作黝县			
	黝		①同"黟"，县名			
			②即黟县			
			③未收			

异文字对	例字	类型	《汉语大字典》①	《汉语大词典》②	《中国历史地名大辞典》③	互见情况
15. 濄 / 涡	濄	水名	①同"涡"。水名。即今河南省涡河			《汉语大字典》《汉语大词典》"濄"下训"涡",其术语为"同""又名"。《汉语大字典》《中国历史地名大辞典》"涡"下训"濄",其术语为"今称""作"
				②水名。又名涡河。淮河支流。源出河南省通许县,东南流至安徽省亳州市纳惠济河,至怀远县入淮河		
					③未收	
	涡		①水名。今称涡河,在安徽省西北部,为淮河支流之一			
				②水名。源出河南省通许县,流经安徽省西北部,于怀远县入淮,长三百八十二公里		
					③《说文》《水经注》作濄水	
16. 泡 / 包	泡	水名	①古水名。又名丰水			《中国历史地名大辞典》"包"下训"泡",其术语为"亦作"
				②水名。在今江苏省沛县南		
					③未收	
	包		①②未收			
					③亦作泡水	
17. 湖陵 / 胡陵	湖陵	县名	①②未收			《中国历史地名大辞典》"湖陵""胡陵"下相互训释,其术语为"又作""即"
					③又作胡陵	
	胡陵		①②未收			
					③即秦、汉湖陵县	
18. 沭 / 术	沭	水名	①水名。发源于山东省沂水县北沂山南麓,同沂河平行南流,入江苏省境内			《中国历史地名大辞典》"术"下训"沭",其术语为"即"
				②水名。源出山东省南部沂山南麓,与沂水平行,经莒县南流入江苏省		
					③未收	
	术		①②未收			
			即今山东东南部、江苏北部之沭河			

续　表

异文字对	例字	类型	《汉语大字典》①	《汉语大词典》②	《中国历史地名大辞典》③	互见情况
19. 灅/治	灅	水名	①古水名。又名治水。即今上游为桑干河、中段为永定河、下游为海河之河流			《汉语大字典》《汉语大词典》"灅"下训"治"，其术语为"又名"
			②古水名。即今山西、河北两省境内的桑干河、永定河，至天津大沽河北入海。又名"治水"			
			③未收			
	治		①未收			
			②古水名。发源于山西省宁武县。上游即今山西、河北境内的桑干河。下游东流入渤海			
			③未收			
20. 澦/沮	澦	水名	①水名。亦作沮水。源出陕西省黄陵县西子午岭，东经县南注入北洛水			《汉语大字典》"澦"下训"沮"，其术语为"亦作"
			②③未收			
	沮		①洛水支流。源出黄陵县西北之子午岭，东流至县南合于洛水			
			②水名。一名东沮水。源出陕西省黄陵县西子午岭，东经县南注入北洛水			
			③未收			
21. 濆/资	濆	水名	①水名。即资水。在湖南省中部。南源夫夷水，出广西壮族自治区资源县南；西源赦水，出湖南省城步苗族自治县北，在邵阳市汇合，北流经新化县、安化县等县折向东，经益阳市到湘阴县临资口入洞庭湖			《汉语大字典》"濆"下训"资"，其术语为"即"，《汉语大词典》下无术语
			②资水。在湖南省中部			
			③未收			
	资		①水名，发源于湖南省武冈市，东流与沅水合，入洞庭湖			
			②水名。源于湖南省武冈市，东流合沅水，入洞庭湖			
			③未收			

　　根据《说文·水部》与《汉书·地理志》异文对应字组，笔者从《汉语大字典》《汉语大词典》《中国历史地名大辞典》中找出其中的异文互训情况，发

现有互训情况的字组共计 21 对，其比例不到总数量的五分之一。可见当今的字典辞书并未合理地利用古书中的异文资源。异文作为一种研究手段，自清代以来就被学者青睐，如《经传释词》卷一共释 10 个词，所引异文达 40 多条，然而在当今的辞书中这种研究手段却往往被忽略。

在有互训的例子中，主要存在着两个问题：①引用异文进行互训时，有的比较完整，二字相互训释；有的在常见字下直接训释，在不常见字下采用互训法；有的未采用互训法，未充分利用异文材料。对《汉语大字典》《汉语大词典》《中国历史地名大辞典》而言，地名异文最大的功用在于指出两个地名之间的关系，以方便我们查阅水名，因此必须有统一的标准对地名异文进行规范。②在笔者找出的互训的例子中，训释术语是很丰富的，如"即""一作""亦作""同""后作""称""又称""又名""古称"等，然而其功用很单一，只是标明存在异文。不同的训释术语并未显示出其实际功用。以《汉语大字典》为例，"也作"可用于很多情况，异文之间无论是古今字、异体字均可用"也作"。如"溅"也作"浅"，"溺"也作"弱"，"浸"也作"濅""寖""竂"，"灂"也作"潜"。从术语上不加区别看不出"溅"与"浅"，"溺"与"弱"，"浸"与"濅""寖""竂"，"灂"与"潜"的字际关系。再如同为异体字，其术语使用是十分混乱的，既可以用"也作""又名""后作"，亦可用"亦作""即"等。

术语的规范问题是亟待加强的。章也先生在《古书异文与辞书编纂》一文中指出异文在辞书编纂中发挥着重大作用，异文的主要方式是用作书证，这些异文可以说明一般词义，可以说明通假义，说明文字的孳乳演变，说明词的同源关系。他提出一种比较理想的格式是"词目，甲；训释词，乙。释文：甲，乙也。下引书证：'甲'；最后引异文，'某作乙。'"这种方法同样也适用于我们的地名异文。如：

《汉语大字典》对"黚"的收录情况如下：

【黚】

（二）jiān《集韵》纪炎切，平盐见。

水名。在今四川省。《集韵·盐韵》："黚，水名。南至鳖入江，在犍为。"《汉书·地理志上》："温水南至鳖入黚水，黚水亦南至鳖入江。"

试改作：水名。在今四川省，又作黔。《水部》："温，水。出犍为涪，南入黔水。"《地理志》"黔"作"黚"。

二、释义待商榷

现代的字书辞典在收录水流时，未充分利用地理学的研究成果，未对古文

献材料进行仔细甄别,在解释水流或列举例证时经常会出现疏失之处,通常表现为把此水释作彼水,现列举二例:

【沫水—大渡水】

《说文·水部》:"沫,水。出蜀西徼外,东南入江。"

《汉书·地理志》:"(蜀郡青衣)《禹贡》蒙山溪,大渡水东南至南安入渽。"

【浅水—渽水】

《说文·水部》:"浅,水。出蜀汶江徼外,东南入江。"

《汉书·地理志》:"(蜀郡汶江)渽水出徼外,南至南安,东入江,过郡三,行三千四十里。"

《汉语大字典》《汉语大词典》《中国历史地名大辞典》均以"浅(渽)水"为大渡河。《中国历史地名大辞典》"渽水"下又云:"又名沫水、浅水。即今四川西部大渡河。"然而"沫水"下出现了不一致之处,云"一名渽水、浅水。即今四川西部大渡河或青衣江。"①"大渡河或青衣江"语义所指不明,"大渡水"与"青衣江"是两条不同的河流,既然沫水与浅水、渽水均指大渡河,那么又何来"青衣江"之说。

按:《说文·水部》"沫"下段注:"蜀谓蜀郡也。不言何县者,未审也。沫水即浅水,两列之,盖许有未审。"段氏改"浅"为"渽",认为它为《地理志》之"渽水",并认为"浅""沫"两列是许慎的疏失。

其实,浅水与渽水为一水,"渽"是"浅"的讹俗字,前文已述,而沫水与浅水为两条不同的水,其中,浅(渽)水为青衣江,《汉书·地理志》:"(蜀郡汶江)渽水出徼外南至南安,东入江。""渽水出徼外"说明渽水出汶江县不远处,考之地理,青衣江发源的邛崃山正位于汶江境外不远处。又《汉书·地理志》:"(蜀郡青衣)《禹贡》蒙山溪,大渡水东南至南安入渽。"如果"渽水"即大渡水,那又何来大渡水入渽之理。汉南安县为今乐山市,渽水在乐山市附近有大渡水来会,后入于岷江。这与今大渡河、青衣江会于乐山西再东入岷江相符。对此,《水经注》亦有记载,云:"青衣水出青衣县西蒙山,东与沫水合也,……至犍为南安县,入于江。"又"沫水出广柔徼外,……东南过旄牛县北,又东至越嶲灵道县,蒙山南。……东北与青衣水合,……沫水又东径临邛南,而东出于江原县也,东入于江。"故"浅(渽)水"当为今之青衣江,而《汉书·地理志》之大渡水即《说文·水部》之"沫水"。

---

① 《中国历史地名大辞典》"渽水"下云:"又名沫水,即今四川境内的大渡河。"又"沫水"下云:"一名渽(一作浅,误)水。即今四川中部的大渡河。"《资治通鉴大辞典》:"即今四川大渡河。"与《中国历史地名大辞典》观点同,都认为沫水指今大渡河。

【泜】

《说文·水部》："泜，水。在常山。"

《汉书·地理志》："（常山郡元氏）泜水首受中丘西山穷泉谷，东至堂阳入黄河。莽曰井关亭。"

《汉语大字典》《汉语大词典》认为泜水即今"槐河"，发源于今河北省赞皇县，东流入滏阳河。[①]《中国历史地名大辞典》则认为"泜水"为"槐河"的支流，泜水发源于封龙山，东南流经元氏县西南六里纸屯村入槐河。

《说文·水部》"泜水"，即《汉书·地理志》之"泜水"。《说文·水部》"泜"下段注："《前志》'常山郡元氏'下曰：'泜水首受中丘西山穷泉谷，至堂阳入黄河。'按：泜当作泜，《北山经》注云：'今泜水出中丘县西穷泉谷，东注于堂阳县，入于漳水。'以郭正班，知泜为字之误。'"桂馥义证："水在常山者，有阙文，《地理志》'常山郡元氏县'泜水首受中邱西山穷泉谷，东至堂阳入黄河。'""泜"为"泜"的形讹字。"泜"的构件"氏"先讹作"互"，后讹作"且"。《说文·水部》"泜"下段注："此亦泜讹作泜也。由书氏作互，遂讹且耳。"古书中"氏"与"互"常混讹，唐颜元孙《干禄字书·平声》："互氏：上通下正。诸从氏者并准此。"而"互"与"且"形体十分相近。

"泜水"与"槐水"为两条不同的河流，槐水即古济水，发源于赞皇山西北，东注于泜水。《说文·水部》："济，水。出常山房子赞皇山，东入泜。"段注："《一统志》曰：'《旧志》云槐水出黄沙岭，流经赞皇县西北十里，入元氏县界合泜水，又东南历高邑柏乡达宁晋县，入胡卢河。'即古大陆泽。玉裁谓槐水即古济水也。"桂馥义证："济水源出赞皇山，西北流去县南十里，《北山经》：'敦与之山，槐水出焉，而东流注于泜泽。'《寰宇记》'赞皇县槐水'，《隋图经》云：'槐水出赞皇山，一曰渡水，亦曰济水，东入泜者，《地理志》济水东至廮陶入泜，《风俗通》谓入泜，或称泜为泜。'"《赞皇县志》："槐水出县黄石山，本赞皇山别阜，入葫芦河。"葫芦河即今宁晋泊，在泜水下游。

泜水发源于中丘穷泉谷，入于浊漳水。《说文·水部》"泜"下段注："《班志》入黄河，亦当依郭作浊漳，考《水经注》，浊漳过堂阳县，而河水不径堂阳，《元和志》曰：'泜水在赞皇县西南二十五里，即韩信斩陈余处，今泜水在元氏县，源出封龙山，东南流经县西南六十里纸屯村，入槐河，泜与济互受通称。'"

---

① 《汉语大字典》："古水名。即今槐河。源出今河北省赞皇县西北，东流折南入滏阳河。"《汉语大词典》："古水名。即今槐河。源出河北省赞皇县西南，东流入滏阳河。"

　　"槐水"于"廮陶"入泜水,"浇水"亦于"廮陶"入泜水。《汉书·地理志》:"井陉山在西,浇水所出,东南至廮陶入泜。"《水经注·浊漳水》:"信遣奇兵自闲道出,立帜于其垒,师奔失据,遂死泜上。"熊会贞参疏:"《元和志》《寰宇记》并云,泜水在赞皇县西南,即韩信斩陈余处。在井陉山南二三百里,中隔浇、槐二水。"

结 语

文献异文材料历来都是汉语史研究的重要语料，《说文·水部》与《汉书·地理志》异文对中古汉语研究具有重要的语料价值，方一新（1996）《东汉语料与汉语史研究刍议》指出："加强对汉代尤其是东汉语言材料的发掘和研究，已经成为汉语史研究的新课题。"《说文》与《汉书》作为重要的汉代著作，其异文研究无疑对中古汉语语音、词汇、语法研究都具有重要意义。本书以《水部》与《地理志》的异文为研究对象，从语言学的角度对异文进行对比研究。

《说文·水部》与《汉书·地理志》异文形式多样，根据研究语料的特殊性，笔者从不同角度对异文进行了分类：从内容上看，异文主要有水名、山名、地名、谷名、泽名等，从形式上看，异文表现在字、词、句三个层面，笔者运用文字学、词汇学、语法学知识，对异文所表现出的语言现象进行了平面描写，并进行了历时探源，同时探究异文产生的原因。如《说文·水部》载"涧水"入"洛"，而《汉书·地理志》认为入"雒"，"洛"与"雒"之所以出现差异是由于各个时代不同的文化因素造成的，东汉光武以火德承运，故改"洛"为"雒"，魏文帝以土德继统，出于克刘生魏之意，故复改"雒"为"洛"，因《说文》《汉书》经历代传抄删改，出现"雒""洛"混用的情况是可以理解的。

异文既是研究材料，又是一种重要的研究方法，"异文互证"在各个领域有着不同程度的应用，《说文·水部》与《汉书·地理志》异文对说文学、历史地理学以及辞书编纂都具有重要作用。因此，从事汉语史研究，我们要善于并妥善利用异文材料。

限于个人研究水平的限制，本书在研究上还存有一些不足之处，比如个别地名考释得不是很到位，个别地名未能考释出来，个别异文未能考释出其形成的原因，希望随着知识的提升，研究的深入，眼界能更加开阔，能逐渐解决这些问题，也希望本课题的研究能为研究汉语史以及历史地理学的人提供一些新的视角和思路。

参考文献

一、古籍

[1]（汉）班固撰 . 汉书（第 6 册）[M]. 北京：中华书局，1962.

[2]（汉）班固撰，（清）王先谦补注 . 汉书补注 [M]. 上海：上海古籍出版社，2008.

[3]（宋）戴侗著，党怀兴，刘斌点校 . 六书故（点校本）[M]. 北京：中华书局，2012.

[4] 丁福保 . 说文解字诂林 [M]. 北京：中华书局，1988.

[5]（清）段玉裁撰，古文尚书撰异（清乾隆道光间段氏刻经韵楼丛书本）[M]. 续修四库全书（第 46 册），上海：上海古籍出版社，2002.

[6]（清）段玉裁 . 汲古阁说文订 [M]. 续修四库全书（第 204 册），上海：上海古籍出版社，2002.

[7]（清）段玉裁 . 说文解字注 [M]. 上海：上海古籍出版社，1981.

[8]（清）顾蔼吉 . 隶辨 [M]. 北京：中华书局，1986.

[9]（清）顾祖禹 . 读史方舆纪要 [M]. 北京：中华书局，2005.

[10]（清）桂馥 . 说文解字义证 [M]. 上海：上海古籍出版社，1987.

[11]（晋）郭璞注，（清）毕沅校，山海经 [M]. 上海古籍出版社，1989.

[12]（晋）郭璞注，（清）郝懿行笺疏，沈海波校点 . 山海经 [M]. 上海：上海古籍出版社，2015.

[13]（汉）许慎撰，（宋）徐铉校定 . 说文解字 [M]. 北京：中华书局，1963.

[14]（北魏）郦道元注，（清）杨守敬，熊会贞疏 . 水经注疏 [M]. 江苏古籍出版社，1989.

[15]（南朝梁）顾野王 . 原本玉篇残卷 [M]. 北京：中华书局，1985.

[16]（清）胡渭著，邹逸麟整理 . 禹贡锥指 [M]. 上海：上海古籍出版社，2006.

[17]（唐）李吉甫撰，贺次君点校 . 元和郡县图志 [M]. 北京：中华书局，1983.

[18]（唐）李泰著，贺次君辑校 . 括地志辑校 [M]. 北京：中华书局，1980.

[19] 马叙伦 . 说文解字六书疏证 [M]. 上海：上海书店，1985.

[20]（明）梅膺祚 . 字汇 [M]. 续修四库全书（第 232 册），上海：上海古籍出版社，2002.

[21]（清）钮树玉.说文解字校录[M].续修四库全书（第212册），上海：上海古籍出版社，2002.

[22]（清）钱大昕撰，吕友仁校点.潜研堂集[M].上海：上海古籍出版社，1989.

[23]（清）全祖望.汉书地理志稽疑[M].北京：中华书局，1956.

[24]（清）阮元编.皇清经解[M].济南：齐鲁书社，2016.

[25]（清）阮元.浙江图考[M].续修四库全书（第1478册），上海：上海古籍出版社，2002.

[26]（清）沈涛.说文古本考[M].续修四库全书（第222册），上海：上海古籍出版社，2002.

[27]（辽）释行均，龙龛手鉴[M].北京：北京图书馆出版社，2003.

[28]（清）王鸣盛撰，黄曙辉点校.十七史商榷[M].上海：上海古籍出版社，2016.

[29]（清）王念孙撰，徐炜君点校.读书杂志[M].上海：上海古籍出版社，2014.

[30]（清）王绍兰.说文段注订补[M].北京：文物出版社，1982.

[31]（清）王筠.说文解字句读[M].北京：中华书局，1988.

[32]（清）吴卓信.汉书地理志补注[M].北京：北京出版社，2000.

[33]（清）邢澍撰.金石文字辨异（清嘉庆十五年刻本）[M].续修四库全书（第239册），上海：上海古籍出版社，2002.

[34]（元）熊忠举要，（宋）黄公绍编辑，古今韵会举要[M].北京：中华书局，2000.

[35]（清）严可均，姚文田.说文校议[M].续修四库全书（第213册），上海：上海古籍出版社，2002.

[36]（明）张自烈撰，（清）廖文英续.正字通（清康熙二十四年清畏堂刻本）[M].续修四库全书（第234-235册），上海：上海古籍出版社，2002.

[37]（清）郑珍撰，黄万机点校.郑珍全集[M].上海：上海古籍出版社，2012.

[38] 张舜徽.说文解字约注[M].武汉：华中师范大学出版社，2019.

[39]（清）朱骏声.说文通训定声[M].北京：中华书局，1984.

二、专著

[1] 曹先擢.通假字例释[M].郑州：河南人民出版社，1985.

[2] 邓福禄，韩小荆.字典考正[M].武汉：湖北人民出版社，2007.

[3] 董志翘，杨琳.古代汉语（第二版）[M].武汉：武汉人民出版社，2014.

[4] 高亨，董治安.古字通假会典[M].济南：齐鲁书社，1989.

[5] 郭沫若.中国史稿（第二册）[M].北京：人民出版社，1979.

[6] 郭在贻 . 训诂学 [M]. 北京：中华书局，2005.

[7] 韩湘亭 . 历代郡县地名考 [M]. 北京：北京图书馆出版社，2008.

[8] 洪成玉 . 古汉语词义分析 [M]. 天津：天津人民出版社，1985.

[9] 洪成玉 . 古今字 [M]. 北京：语文出版社，1995.

[10] 洪成玉 . 古今字字典 [M]. 北京：商务印书馆，2013.

[11] 华林甫主编 . 清儒地理考据研究（第二册）[M]. 济南：齐鲁书社，2015.

[12] 黄德宽 . 古汉字学 [M]. 上海：上海古籍出版社，2015.

[13] 黄天树 .《说文解字》通论 [M]. 北京：北京大学出版社，2014.

[14] 蒋冀骋 .《说文》段注改篆评议 [M]. 长沙：湖南教育出版社，1993.

[15] 蒋绍愚 . 古汉语词汇纲要 [M]. 北京：北京大学出版社，1989.

[16] 孔德明 . 通假字概说 [M]. 北京：北京广播学院出版社，1993.

[17] 李学勤 . 字源 [M]. 天津：天津古籍出版社，2012.

[18] 刘树屏 . 澄衷蒙学堂字课图说 [M]. 北京：新星出版社，2014.

[19] 林晓恒 . 中古汉语方位词研究 [M]. 北京：中央民族大学出版社，2011.

[20] 秦公 . 碑别字新编 [M]. 北京：文物出版社，1985.

[21] 裘锡圭 . 文字学概要 [M]. 北京：商务印书馆，1988.

[22] 商承祚 . 说文中之古文考 [M]. 上海：上海古籍出版社，1983.

[23] 沈富进 . 增补汇音宝鉴 [M]. 台湾：文艺出版社，1954.

[24] 苏宝荣 . 许慎与《说文解字》[M]. 郑州：大象出版社，1997.

[25] 苏杰 . 三国志异文研究 [M]. 济南：齐鲁书社，2006.

[26] 谭其骧 . 中国历史地图集（第 2 册）[M]. 北京：中国地图出版社，1982.

[27] 谭其骧 . 续汉书郡国志汇释 [M]. 合肥：安徽教育出版社，2007.

[28] 万献初 .《说文》学导论 [M]. 武汉：武汉大学出版社，2014.

[29] 王春瑜 . 新编日知录 [M]. 兰州：兰州大学出版社，2005.

[30] 王力 . 同源字典 [M]. 北京：商务印书馆，1982.

[31] 王力 . 古代汉语（第一册）[M]. 北京：中华书局，1999.

[32] 王铭，孙元巩，全立功 . 山西山河志 [M]. 太原：山西科学技术出版社，2006.

[33] 王宁 .《说文解字》与汉字学 [M]. 郑州：河南人民出版社，1994.

[34] 王彦坤 . 古籍异文研究 [M]. 广州：广东高等教育出版社，1993.

[35] 徐时仪校注 .《一切经音义》三种校本合刊（修订版 2）[M]. 上海：上海古籍
出版社，2012.

[36] 徐卫民 . 秦汉历史地理研究 [M]. 西安：三秦出版社，2005.

[37] 徐在国 . 隶定"古文"疏证 [M]. 合肥：安徽大学出版社，2002.

[38] 杨光华主编. 中国历史地理文献导读 [M]. 重庆：西南师范大学出版社，2006.

[39] 殷寄明. 语源学概论 [M]. 上海：上海教育出版社，2000.

[40] 袁明仁. 三秦历史文化辞典 [M]. 西安：陕西人民教育出版社，1992.

[41] 张其昀. "说文学"源流考略 [M]. 贵阳：贵州人民出版社，1998.

[42] 张世禄. 古代汉语 [M]. 上海：上海教育出版社，1978.

[43] 张一建. 古汉语同义词辨析 [M]. 福州：福建人民出版社，1987.

[44] 张永言. 词汇学简论（增订本）[M]. 上海：复旦大学出版社，2015.

[45] 赵克勤. 古代汉语词汇学 [M]. 北京：商务印书馆，1994.

[46] 周振鹤. 西汉政区地理 [M]. 北京：人民出版社，1987.

[47] 周振鹤. 汉书地理志汇释 [M]. 合肥：安徽教育出版社，2006.

[48] 朱承平. 异文类语料的鉴别与应用 [M]. 长沙：岳麓书社，2005.

[49] 张守中. 睡虎地秦简文字编 [M]. 北京：文物出版社，1994.

[50] 张书岩. 异体字研究 [M]. 北京：商务印书馆，2004.

[51] 张涌泉. 汉语俗字研究 [M]. 北京：商务印书馆，2010.

三、期刊

[1] 艾荫范. 弱水之"弱"和与之相关的几个古汉语词语解读 [J]. 沈阳师范大学报，2009（1）.

[2] 边星灿. 论异文在训诂中的作用 [J]. 浙江大学学报，1998（3）.

[3] 蔡梦麒. 大徐本《说文》切语校订拾零 [J]. 古籍整理研究学刊，2007（6）.

[4] 陈立柱，吕壮. 古代淮河多种称谓问题研究 [J]. 史学月刊，2011（11）.

[5] 陈桥驿.《水经·江水注》研究 [J]. 杭州大学学报（哲学社会科学版），1984（3）.

[6] 陈桥驿. 评《中国历史地图集》[J]. 中国社会科学，1985（4）.

[7] 陈桥驿.《水经·浿水篇》笺校——兼考中国古籍记载的朝鲜河川 [J]. 韩国研究，1995（2）.

[8] 陈源源. 大徐本《说文解字》水部讹误举隅 [J]. 温州大学学报（社会科学版），2011（6）.

[9] 程蒂. 论由异文发现古籍讹误的校勘方法——以王念孙《读书杂志》为例 [J]. 合肥师范学院学报，2013（2）.

[10] 崔恒生. "淮河"名称的由来 [J]. 古籍研究，1996（4）.

[11] 崔恒生. "淮河"名称考 [J]. 中国历史地理论丛，1999（3）.

[12] 高敏. 东汉盐、铁官制度辨疑 [J]. 中州学刊，1968（4）.

[13] 龚胜生 . "南郦"与"北郦"辨 [J]. 中国历史地理论丛，1990（2）.

[14] 方一新 . 东汉语料与汉语史研究刍议 [J]. 中国语文，1996（2）.

[15] 扶永发 . 汉水源头考 [J]. 中国测绘，1997（1）.

[16] 何术林 . 嘉陵江名称考 [J]. 临沧师范高等专科学院学报，2012（1）.

[17] 刘清谓 . 郭沫若的若水说考斠 [J]. 安徽师大学报（哲学社会科学版），1983（3）.

[18] 韩明武 . 试探中国地名的示位性 [J]. 中国地名，2015（12）.

[19] 郝鹏展 .《汉书·地理志》河流过郡数考辨 [J]. 中国历史地理论丛，2006（1）.

[20] 何畏 . 也谈王莽改地名 [J]. 文山学院学报，2012（4）.

[21] 后晓荣 .《汉书·地理志》"道"目补考 [J]. 中国历史地理丛刊，2008（1）.

[22] 后晓荣 .《汉书·地理志》脱漏九县补考 [J]. 中国历史地理论丛，2012（4）.

[23] 黄沛荣 . 古籍异文析论 [J]. 汉字研究，1991（2）.

[24] 黄仁瑄 . 高丽藏本慧苑音义引《说文》的异文问题 [J]. 语言研究，2008（3）.

[25] 孔祥军 .《汉书·地理志》盐官考 [A]. 汉唐社会经济与海盐文化学术研讨会论
    文集 [C]. 盐城：江苏省六朝史研究会，2008.5.3.

[26] 李彬 .《说文解字》水部字语义场浅析 [J]. 语文学刊，2012（16）.

[27] 李克建 . 秦汉时的道 [J]. 西南民族学院学报（哲学社会科学版），1997（1）.

[28] 李学勤 . 夏商周与山东 [J]. 烟台大学学报，2002（3）.

[29] 林忠，张姜知，邓英树 . 也谈"所"字短语和"所"的功能 [J]. 四川民族学院
    学报，2015（6）.

[30] 刘禾 . 异文与训校 [J]. 东北师大学报，1986（2）.

[31] 刘青 . 寻找古代汝水之故道——北汝河 [J]. 河南水利与南水北调，2013（3）.

[32] 刘瑞红 . 介词"自"和"从"历时比较简析 [J]. 北京教育学院学报，2008（2）.

[33] 刘西淼，刘碧莹 . "漯河"地名考述 [J]. 漯河职业技术学院学报，2014（1）.

[34] 陆宗达，王宁 . 浅论传统字源学 [J]. 中国语文，1984（5）.

[35] 马瑞俊，王宗元 . 关于渭河源和鸟鼠山 [J]. 西北师范学院学报（自然科学版），
    1984（3）.

[36] 毛承慈 . 阮元《毛诗注疏校勘记》判定异文正误的原则 [J]. 南阳师范学院学报，
    2011（10）.

[37] 倪小勇 .《汉书》版本史考述 [J]. 西北大学学报（哲学社会科学版），2013（1）.

[38] 潘天祯 . 汲古阁本《说文解字》的刊印源流 [J]. 北京图书馆馆刊，1997（2）.

[39] 钱宗武 .《说文》引《书》异文研究 [J]. 益阳师专学报，1996（3）.

[40] 邵文利，杜丽蓉 . 数量值古今用法之异同 [J]. 西南民族大学学报（人文社科
    版），2013（9）.

[41] 时兵.也论介词"于"的起源和发展 [J].中国语文，2003（4）.

[42] 舒峤.说《汉志》"沂水" [J].中国历史地理论丛，1996（2）.

[43] 史念海.释《禹贡》雍州"终南惇物"和"漆沮既从"——重读辛树帜先生《〈禹贡〉新解后记》[J].中国历史地理论丛，1996（2）.

[44] 苏海洋.GIS 在历史地理学中的应用 [J].地理信息世界，2006（5）.

[45] 苏铁戈.《说文解字》的版本与注本 [J].古籍整理研究学刊，1997（4）.

[46] 孙铁林，屈军卫.西汉置东武阳县考 [J].濮阳职业技术学院学报，2013（2）.

[47] 孙显斌.写刻之间:《汉书》文本面貌之嬗变浅议 [J].济南大学学报，2013（5）.

[48] 陶荣.卤县地望考逸 [J].陇右文博，1998（1）.

[49] 吴慧.商承祚《说文中之古文考》舛误例释 [J].语言研究 2014（4）.

[50] 万献初.服虔、应劭《汉书音义》音切考辨 [J].古汉语研究，2013（3）.

[51] 王凤阳.汉语语源研究的回顾与思考 [J].汉语语源研究，2001（1）.

[52] 王社教.沂水辨 [J].陕西师范大学学报（哲学社会科学版），1996（3）.

[53] 王社教.淮水究竟经过哪几郡 [J].中国历史地理论丛（哲学社会科学版），1996（3）.

[54] 王号辉.对《汉书·地理志》中获水的探讨 [J].西安文理学院学报（社会科学版），2012（1）.

[55] 王贵元.《说文解字》版本考述 [J].古籍整理研究学刊，1999（6）.

[56] 王均，陈向东.两汉时期人口数据库建设与GIS 应用探讨 [J].测绘科学：2001（3）.

[57] 王钰.据宋元复古类正字专书匡正《说文》传抄讹误举隅 [J].宁夏大学学报（人文社会科学版），2014（2）.

[58] 王彦坤.《汉书》所见辞书未收词语考释 [J].暨南学报，2003（4）.

[59] 王元林.漆沮水考 [J].唐都学刊，2001（2）.

[60] 王元林.北洛水源头考 [J].中国历史地理论丛，2000（4）.

[61] 王原林.汾阳及汾水干支流辨误 [J].中国历史地理论丛，1995（3）.

[62] 王宗元.汉金城郡乌亭逆水、涧水考 [J].西北师大学报（社会科学版），1998（5）.

[63] 魏达议.江沱与沱江 [J].西南师范大学学报，1984（2）.

[64] 魏晋贤.文献与地理——再论汉枹罕与白石二县城址 [J].兰州大学学报，1991（2）.

[65] 吴辛丑.简帛典籍异文与古汉语同义词研究 [J].广州广播电视大学学报，2002（2）.

[66] 夏大兆.《汉书·地理志》右扶风郡新证 [J].合肥学院学报（社会科学版），2012（2）.

[67] 向红伟.汉令居县及逆水、涧水考 [J].华北水利水电学院学报（社科版），2007（3）.

[68] 辛德勇.《水经·渭水注》若干问题疏证 [J].中国历史地理丛刊，1985（2）.

[69] 熊仲儒，郭立萍 . 所字短语的句法分析 [J]. 语言科学，2016（5）.

[70] 严军 . 中国地名文字学的开创性著作——评《说文解字》的地名研究成就 [J]. 杭州师范学院学报，2002（6）.

[71] 杨永龙 .《说文解字·水部》补校 [J]. 古籍整理研究学刊，2000（1）.

[72] 虞万里 .“洛”“雒”异文与汉魏二朝之五行避讳 [J]. 社会科学，2014（6）.

[73] 曾宪礼 . 中华书局本《汉书》校议 [J]. 学术研究，1992（2）.

[74] 张保见，高青青 . 民国以来《地理志》研究综述 [J]. 湘南学院学报，2016（1）.

[75] 张多勇 . 汉代卤县古城遗址考察研究 [J]. 宁夏师范学院学报，2012（5）.

[76] 张玲 . 浐灞二水与隋唐长安城的关系及其现实意义 [J]. 西安社会科学，2010（1）.

[77] 章也 . 古书异文与辞书编纂 [J]. 辞书研究，1989（2）.

[78] 周晨 . 宋刻《汉书》版本考 [J]. 襄樊学院学报，2002（1）.

[79] 周光庆 . 易旸扬阳词族考释 [J]. 古汉语研究，2008（3）.

[80] 周及徐 . 辨《说文》段注“浼”“沬”二篆注误兼辨《辞源》《辞海》同字条之误 [J]. 四川大学学报，1991（4）.

[81] 周侃 . 鸟鼠同穴之山，渭水出焉？——细辨渭河源头 [J]. 甘肃水利水电技术，2014（8）.

[82] 周亚 .《汉书·地理志》沁水“过郡三”考辨 [J]. 陕西师范大学学报（哲学社会科学版），2004（4）.

[83] 张长桂，何平 .《杂宝藏经》里的“V+ 于 +N” [J]. 中国语文，1995（2）.

[84] 张晓东 .GIS 与历史地理学 [J]. 地理信息科学，2006（2）.

[85] 张媛 .《说文解字》中汉代郡国级政区新线索 [J]. 首都师范大学学报（社会科学版），2011（5）.

[86] 赵家栋 .《说文》异部同声符字对应考察与上古社会文化——以“水”部和“心”部同声符字为例 [J]. 东亚文献研究，2011（1）.

[87] 钟云瑞 .《汉书·地理志》颜师古注引《尚书·禹贡》研究 [J]. 晋城职业技术学院学报，2015（1）.

[88] 周及徐 . 辨《说文》段注“浼”“沬”二篆注误兼辨《辞源》《辞海》同字条之误 [J]. 四川大学学报，1991（4）.

四、工具辞书类

[1] 辞源修订组，商务印书馆编辑部，何九盈，王宁，董琨主编 . 辞源（第三版）[Z]. 北京：商务印书馆，2015.

[2] 戴均良等.中国古今地名大词典 [Z].上海：上海辞书出版社，2005.

[3] 汉语大词典编纂处编.汉语大词典订补 [Z].上海：上海辞书出版社，2010.

[4] 汉语大字典编纂委员会.汉语大字典 [Z].成都：四川辞书出版社，2010.

[5] 罗竹风主编.汉语大词典 [Z].上海：汉语大词典出版社，1993.

[6] 牛汝辰.中国水名词典 [Z].哈尔滨：哈尔滨地图出版社，1995.

[7] 谷衍奎.汉字源流字典 [Z].北京：语文出版社，2008.

[8] 容庚.金文编 [Z].北京：中华书局，1985.

[9] 施丁，沈志华.资治通鉴大辞典 [Z].长春：吉林人民出版社，1994.

[10] 史为乐.中国历史地名大辞典 [Z].北京：中国社会科学出版社，2005.

[11] 郑天挺等.中国历史大辞典 [Z].上海：上海辞书出版社，2000.

[12] 贾文毓，李引.中国地名辞源 [Z].北京：华夏出版社，2005.

[13] 臧励和.中国古今地名大辞典 [Z].台北：台湾商务印书馆，1993.

[14] 张玉书、陈廷敬撰，王宏源增订.康熙字典（增订版）[Z].北京：社会科学文献出版社，2015.

[15] 赵传仁，鲍延毅，葛增福主编.中国古今书名释义辞典 [Z].济南：山东友谊书社，1992.

五、硕博士学位论文

[1] 毕雅静.浐霸二水历史变迁研究 [D].西安：西北大学硕士学位论文，2010.

[2] 蔡雨明.《地理志》黄河水系汇考 [D].石家庄：河北师范大学硕士学位论文，2015.

[3] 郭玲玲.《汉书》核心词研究 [D].武汉：华中科技大学博士学位论文。2013.

[4] 贾莹.《说文·水部》形声字声符示源研究 [D].西安：西北大学硕士学位论文，2008.

[5] 李娟.《史记》《汉书》异文的训诂价值研究 [D].黄石：湖北师范学院硕士学位论文，2012.

[6] 李明.王先谦《汉书补注》研究 [D].南昌：南昌大学硕士学位论文，2007.

[7] 潘定武.《汉书》文学研究 [D].西安：陕西师范大学博士论文，2006.

[8] 彭小红.《说文解字》水部字研究 [D].南昌：江西师范大学硕士学位论文，2012.

[9] 陶生魁.《说文古本考》考 [D].西安：陕西师范大学博士学位论文，2011.

[10] 王海平.《史记》《汉书》异文研究 [D].广州：暨南大学硕士学位论文，2003.

[11] 王敏.《说文》二徐反切研究 [D]. 桂林：广西师范大学硕士学位论文，2013.

[12] 武欣彦.《汉书·地理志》长江水系研究 [D]. 石家庄：河北师范大学硕士学位论文，2021.

[13] 谢秉洪 .2007：《汉书》考校研究——以中华书局点校本为中心 [D]. 南京：南京师范大学博士论文。

[14] 薛万鹏《说文解字》水部古今水名考释 [D]. 新乡：河南师范大学硕士学位论文，2011.

[15] 于西兰.《汉书》中的后妃形象研究 [D]. 锦州：渤海大学硕士学位论文，2016.

[16] 张海峰. 王先谦《汉书补注》研究 [D]. 济南：山东大学博士学位论文，2011.

[17] 张树清.《古汉语泛指与特指研究》[D]. 呼和浩特：内蒙古师范大学硕士学位论文，2010.

[18] 邹维一.《史记》《汉书》异文考述 [D]. 上海：上海师范大学硕士学位论文，2010.

六、电子资源

[1]《CBETA 电子佛典集成》，中华电子佛典协会 (Chinese Buddhist Electronic Text Association 简称 CBETA)，2016 年版。

附　录

表1　《〈水部〉与〈地理志〉异文对照表》

序号	水名	《水部》	《地理志》	今名
1	河	河，水。出焞煌塞外昆仑山，发原注海	（金城郡河关）积石山在西南羌中。河水行塞外，东北入塞内，至章武入海，过郡十六，行九千四百里	黄河
2	涪	涪，水。出广汉刚邑道徼外，南入汉	（广汉郡刚氐道），涪水出徼外，南至垫江入汉，过郡二，行千六十九里	涪江
3	潼	潼，水。出广汉梓潼北界，南入垫江	（广汉郡梓潼）五妇山，驰水所出，南入涪，行五百五十里。莽曰子同	潼江河
4	江	江，水。出蜀湔氐徼外崏山，入海	（蜀郡湔氐道）《禹贡》崏山在西徼外，江水所出，东南至江都入海，过郡七，行二千六百六十里	长江
5	沱	沱，江别流也。出崏山东，别为沱	崏山道江，东别为沱	沱江
6	浅	浅，水。出蜀汶江徼外，东南入江	（蜀郡汶江）湔水出徼外，南至南安，东入江，过郡三，行三千四十里	青衣江
7	沫	沫，水。出蜀西徼外，东南入江	（蜀郡青衣）《禹贡》蒙山溪，大渡水东南至南安入湔	大渡河
8	湔	湔，水。出蜀郡绵虒玉垒山，东南入江	（蜀郡绵虒）玉垒山，湔水所出，东南至江阳入江，过郡三，行千八百九十里	湔江
9	温	温，水。出犍为涪，南入黔水	（犍为符）温水南至鳖入黚水，黚水亦南至鳖入江，莽曰浮信	湄江
10	潜	一曰汉水为潜	沱、灊既道，云梦土作乂	
11	灊	灊，水。出巴郡宕渠，西南入江	（巴郡宕渠）潜水西南入江	渠河
12	沮	沮，水。出汉中房陵，东入江	（汉中郡房陵）东山，沮水所出，东至郢入江，行七百里	沮水

序号	水名	《水部》	《地理志》	今名
13	滇	滇，益州池名	（益州郡滇池）大泽在西，滇池泽在西北。有黑水祠	滇池
14	涂	涂，水。出益州牧靡南山，西北入渑	（益州郡收靡）南山腊谷，涂水所出，西北至越嶲入绳，过郡二，行千二十里	牛栏江
15	沅	沅，水。出牂柯故且兰，东北入江	（牂柯郡故且兰）沅水东南至益阳入江，过郡二，行二千五百三十里	沅江
16	淹	淹，水。出越嶲徼外，东入若水	（越嶲郡遂久）绳水出徼外，东至僰道入江，过郡二，行千四百里	金沙江
17	溺	溺，水。自张掖删丹，西至酒泉合黎，余波入于流沙。从水，弱声，桑钦所说	（张掖郡删丹）桑钦以为道弱水自此，西至酒泉合黎。莽曰贯虏	山丹河
18	洮	洮，水。出陇西临洮，东北入河	（陇西郡临洮）洮水出西羌中，北至枹罕东入河	洮河
19	泾	泾，水。出安定泾阳开头山，东南入渭，雍州之川也	（安定郡泾阳）开头山在西，《禹贡》泾水所出，东南至阳陵入渭，过郡三，行千六十里，雍州川	泾河
20	渭	渭，水。出陇西首阳渭首亭南谷，东入河。从水，胃声。杜林说《夏书》以为出鸟鼠山，雍州浸也	（陇西郡首阳）《禹贡》鸟鼠同穴山在西南，渭水所出，东至船司空入河，过郡四，行千八百七十里，雍州浸	渭河
21	漾	漾，水。出陇西相道，东至武都为汉。从水，羕声。古文从养	（陇西郡氐道）《禹贡》养水所出，至武都为汉。莽曰亭道	西汉水
22	汉	汉，漾也。东为沧浪水	幡冢道漾，东流为汉，又东为沧浪之水	汉江
23	浪	浪，沧浪水也。南入江	又东为沧浪之水，过三澨，至于大别，南入于江	沧浪水
24	沔	沔，水。出武都沮县东狼谷，东南入江，或曰入夏水	（武都郡沮）沮水出东狼谷，南至沙羡南入江，过郡五，行四千里，荆州川	沮水河
25	湟	湟，水。出金城临羌塞外，东入河	（金城郡临羌）西北至塞外，有西王母石室、僊海、盐池。北则湟水所出，东至允吾入河	湟水
26	汧	汧，水。出扶风汧县西北，入渭	（右扶风汧）汧水出西北，入渭	千河
27	涝	（1）涝，水。出扶风鄠，北入渭 （2）一曰："潦，水名。在京兆杜陵。"	（右扶风鄠）又有潦水，皆北过上林苑入渭	涝河

序号	水名	《水部》	《地理志》	今名
28	漆	漆,水。出右扶风杜陵岐山,东入渭。一曰入洛	(右扶风漆)水在县西。有铁官。莽曰漆治	漆水河
29	浐	浐,水。出京兆蓝田谷,入霸	(京兆尹南陵)沂水出蓝田谷,北至霸陵入霸水	浐河
30	洛	洛,水。出左冯翊归德北夷界中,东南入渭	(左冯翊襄德)《禹贡》北条荆山在南,下有强梁原。洛水东南入渭,雍州浸。莽曰德骥	北洛河
31	淯	淯,水。出弘农卢氏山,东南入海。从水,育声。或曰出郦山西	(1)(弘农郡卢氏)又有育水,南至顺阳入沔 (2)(南阳郦)育水出西北,南入汉	白河
32	汝	汝,水。出弘农卢氏还归山,东入淮	(汝南郡定陵)高陵山,汝水出,东南至新蔡入淮,过郡四,行千三百四十里	北汝河
33	溱	溱,水。出河南密县大隗山,南入颍	(河南郡密)有大隗山,溱水所出,南至临颍入颍	清溱河
34	潧	潧,水。出河南密县,东入颍	(河南郡密)有大隗山,溱水所出,南至临颍入颍	清溱河
35	汾	汾,水。出太原晋阳山,西南入河。从水,分声。或曰出汾阳北山,冀州浸	(太原郡汾阳)北山,汾水所出,西南至汾阴入河,过郡二,行千三百四十里,冀州浸	汾河
36	沁	沁,水。出上党羊头山,东南入河	(上党郡穀远)羊头山世靡谷,沁水所出,东南至荥阳入河,过郡三,行九百七十里。莽曰穀近	沁河
37	沾	沾,水。出壶关,东入淇	(上党郡壶关)沾水东至朝歌入淇	沾水
38	潞	潞,冀州浸也。上党有潞县	川曰漳,浸曰汾、潞	浊漳河
39	漳	漳,浊漳,出上党长子鹿谷山,东入清漳;清漳出沾山大要谷,北入河;南漳出南郡临沮	(1)(上党郡长子)鹿谷山,浊漳水所出,东至邺入清漳 (2)(上党郡沾)大黾谷,清漳水所出,东北至邑成入大河,过郡五,行千六百八十里,冀州川 (3)(南郡临沮)《禹贡》南条荆山在东北,漳水所出,东至江陵入阳水,(阳水入沔,行六百里	清漳河 浊漳河 南漳水
40	淇	淇,水。出河内共北山,东入河,或曰出隆虑西山	(河内郡共)北山,淇水所出,东至黎阳入河	淇河

序号	水名	《水部》	《地理志》	今名
41	荡	荡，水。出河内荡阴，东入黄泽	（河内郡荡阴）荡水东至内黄泽	汤河
42	沇	沇，水。出河东东垣王屋山，东为沸	（河东郡垣），《禹贡》王屋山在东北，沇水所出，东南至武德入河，轶出荥阳北地中，又东至琅槐入海，过郡九，行千八百四十里	济河
43	沸	沸，沇也。东入于海	沸、河惟兖州	济河
			浮于沸、漯，通于河	
44	洈	洈，水。出南郡高城洈山，东入繇	（南郡高成）洈山，洈水所出，东入繇	洈水
45	溠	溠，水。在汉南，从水，差声。荆州浸也。《春秋传》曰："修涂梁溠。"	川曰荥、雒，澨曰波、溠	溠水
46	洭	洭，水。出桂阳县卢聚，山洭浦关为桂水	（桂阳郡桂阳）汇水南至四会入郁。过郡二，行九百里	连江
47	灌	灌，水。出庐江雩娄，北入淮	（庐江郡雩娄）又有灌水，亦北至蓼入决，过郡二，行五百一十里	灌河
48	渐	（1）渐，水。出丹阳黟南蛮中，东入海 （2）浙，江。水东至会稽山阴为浙江	（丹扬郡黟）渐江水出南蛮夷中，东入海	浙水
49	泠	泠，水。出丹阳宛陵西，北入江	（丹扬郡宛陵）清水西北至芜湖入江。莽曰无宛	青弋江
50	湘	湘，水。出零陵阳海山，北入江	（零陵郡零陵）阳海山，湘水所出，北至酃入江，过郡二，行二千五百三十里	湘江
51	溱	溱，水。出桂阳临武，入汇	（桂阳郡临武）秦水东南至浈阳入汇，行七百里。莽曰大武	溱水
52	潭	潭，水。出武陵镡成玉山，东入郁林	（武陵郡镡成）玉山，潭水所出，东至阿林入郁，过郡二，行七百二十里	柳江
53	灈	灈，水。出南阳舞阳中阳山，入颍	（南阳郡舞阴）中阴山，灈水所出，东至蔡入汝	灈水
54	淮	淮，水。出南阳平氏桐柏大复山，东南入海	（南阳郡平氏）《禹贡》桐柏大复山在东南，淮水所出，东南至淮浦入海。过郡四，行三千二百四十里，青州川。莽曰平善	淮河
55	滍	滍，水。出南阳鲁阳尧山，东北入汝	（南阳郡鲁阳）鲁山，滍水所出，东北至定陵入汝	沙河

序号	水名	《水部》	《地理志》	今名
56	澧	澧，水。出南阳雉衡山，东入汝	（南阳郡雉）衡山，沣水所出，东至郾入汝	澧河
57	灈	灈，水。出汝南吴房，入瀙	（安定郡卤）灈水出西	石洋河
58	颍	颍，水。出颍川阳城干山，东入淮。从水，顷声。豫州浸	（颍川郡阳城）阳干山，颍水所出，东至下蔡入淮，过郡三，行千五百里，荆州浸。有铁官	颍河
59	洧	洧，水。出颍川阳城山，东南入颍	（颍川郡阳城）阳城山，洧水所出，东南至长平入颍，过郡三，行五百里	洧水河
60	涡	涡，水。受淮阳扶沟浪汤渠，东入淮	（淮阳国扶沟）涡水首受狼汤渠，东至向入淮，过郡三，行千里	涡河
61	汳	汳，水。受陈留浚仪阴沟，至蒙为雎水，东入于泗	（河南郡荥阳）卞水、冯池皆在西南。有狼汤渠，首受泲，东南至陈入颍。过郡四，行七百八十里	汴河
			（梁国蒙）获水首受甾获渠，东北至彭城入泗，过郡五，行五百五十里。莽曰蒙恩	
62	濮	濮，水。出东郡濮阳，南入巨野	（陈留郡封丘）濮渠水首受泲，东北至都关，入羊里水，过郡三，行六百三十里	濮渠河
63	濕	濕，水。出东郡东武阳，入海。从水，㬎声。桑钦云："出平原高唐。"	（东郡东武阳）禹治漯水，东北至千乘入海，过郡三，行千二十里。莽曰武昌	漯水
64	泡	泡，水。出山阳平乐，东北入泗	（山阳郡平乐）包水东北至沛入泗	泡河
65	菏	菏，菏泽水。在山阳胡陵。《禹贡》："浮于淮、泗，达于菏。"	（山阳郡湖陵）《禹贡》"浮于泗、淮，通于河"，水在南。莽曰湖陆	菏水
66	泗	泗，受泲水，东入淮	（济阴郡乘氏）泗水东南至睢陵入淮，过郡六，行千一百一十里	泗河
67	洙	洙，水。出泰山盖临乐山，北入泗	（泰山郡盖）临乐子山，洙水所出，西北至盖入池水	洙河
68	沭	沭，水。出青州浸	（琅邪郡东莞）术水南至下邳入泗，过郡三，行七百一十里，青州浸	沭河
69	沂	沂，水。出东海费东，西入泗。从水，斤声。一曰沂水出泰山盖，青州浸	（泰山郡盖）又沂水南至下邳入泗，过郡五，行六百里，青州浸	沂河
70	洋	洋，水。出齐临朐高山，东北入巨定	（齐郡临朐）石膏山，洋水所出，东北至广饶入巨定。莽曰监朐	石河

序号	水名	《水部》	《地理志》	今名
71	浊	浊，水。出齐郡厉妫山，东北入巨定	（齐郡广）为山，浊水所出，东北至广饶入巨定	北阳河
72	溉	溉，水。出东海桑渎覆甑山，东北入海。一曰灌注也	（北海郡桑犊）覆甑山，溉水所出，东北至都昌入海	东丹河
73	潍	潍，水。出琅邪箕屋山，东入海。徐州浸。《夏书》曰："潍、淄其道。"	（琅邪郡箕）《禹贡》潍水北至都昌入海，过郡三，行五百二十里，兖州浸也	潍河
74	浯	浯，水。出琅邪灵门壶山，东北入潍	（琅邪郡灵门）壶山，浯水所出，东北入淮	浯河
75	汶	汶，水。出琅邪朱虚东泰山，东入潍。从水，文声。桑钦说："汶水出泰山莱芜，西南入泲。"	（琅邪郡朱虚）东泰山，汶水所出，东至安丘入维	汶河
76	治	治，水。出东莱曲城阳丘山，南入海	（东莱郡曲成）阳丘山，治水所出，南至沂入海。有盐官	小沽河
77	寖	寖，水。出魏郡武安，东北入呼沱水	（魏郡武安）又有寖水，东北至东昌入虖池河，过郡五，行六百一里，有铁官。莽曰桓安	洺河
78	渨	渨，水。出赵国襄国之西山，东北入寖	（赵国襄国）西山，渠水所出，东北至任入寖	野河
79	渚	渚，水。在常山中丘逢山，东入渨。从水，者声。《尔雅》曰："小洲曰渚。"	（常山郡中丘）逢山长谷，渚水所出，东至张邑入浊，莽曰直聚	渚河
80	洨	洨，水。出常山石邑井陉，东南入于泜。从水，交声。郳国有洨县	（常山郡石邑）井陉山在西，洨水所出，东南至廮陶入泜	洨河
81	济	济，水。出常山房子赞皇山，东入泜	（常山郡房子）赞皇山，济水所出，东至廮陶入泜。莽曰多子	济河
82	泜	泜，水。在常山	（常山郡元氏）沮水首受中丘西山穷泉谷，东至堂阳入黄河。莽曰井关亭	北泜水
83	濡	濡，水。出涿郡故安，东入漆涞	（涿郡故安）阎乡，易水所出，东至范阳入濡也，并州浸，水亦至范阳入涞	主良河
			（中山国曲逆）蒲阳山，蒲水所出，东入濡	
84	灅	灅，水。出右北平浚靡，东南入庚	（右北平郡俊靡）灅水南至无终东入庚。莽曰俊麻	沙河
85	沽	沽，水。出渔阳塞外，东入海	（渔阳郡渔阳）沽水出塞外，东南至泉州入海，行七百五十里，有铁官。莽曰得渔	白河

序号	水名	《水部》	《地理志》	今名
86	沛	沛，水。出辽东番汗塞外，西南入海	（辽东郡番汗）沛水出塞外，西南入海	大宁江
87	浿	浿，水。出乐浪镂方，东入海。从水，贝声，一曰出浿水县	（乐浪郡浿水）水西至增地入海。莽曰乐鲜亭	大同江
88	灅	灅，水。出雁门阴馆累头山，东入海，或曰治水也	（雁门郡阴馆）累头山，治水所出，东至泉州入海，过郡六，行千一百里。莽曰富代	㶟河
89	沮	沮，水。出北地直路西，东入洛	（北地郡直路）沮水出西，东入洛	东沮水
90	滱	滱，水。起北地灵丘，东入河。从水，寇声。滱水即沤夷水，并州川水	（代郡灵丘）滱河东至文安入大河，过郡五，行九百四十里。并州川	唐河
91	涞	涞，水。起北地广昌，东入河。从水，来声。并州浸	（代郡广昌）涞水东南至容城入河，过郡三，行五百里，并州浸，莽曰广屏	拒马河
92	泥	泥，水。出北地郁郅北蛮中	（北地郡郁郅）泥水出北蛮夷中。有牧师菀官。莽曰功著	柔远河
93	滋	一曰滋水。出牛饮山白陉谷，东入呼沱	（常山郡南行唐）牛饮山白陆谷，滋水所出，东至新市入虖池。都尉治。莽曰延亿	
94	涧	一曰涧，水。出弘农新安东南，入洛	（弘农郡新安）《禹贡》涧水在东，南入雒	涧河
95	决	行流也，从水，从夬。庐江有决水，出于大别山	（庐江郡雩娄）决水北至蓼入淮	
96	滰	《夏书》曰："过三滰。"	又东为沧浪之水，过三滰，至于大别，南入于江	
97	湛	一曰湛水，豫章浸	正南曰荆州，其山曰衡，薮曰云梦，川曰江汉，寖曰颍、湛	
98	濆	濆，……一曰水名	（零陵郡都梁）路山，资水所出，东北至益阳入沅，过郡二，行千八百里	
99	潘	潘，一曰水名，在河南荥阳	（会稽郡余暨）萧山，潘水所出，东入海。莽曰余衍	
100	渝	一曰渝水，在辽西临俞，东出塞	（辽西郡临渝）渝水首受白狼，东入塞外	
101	漶	漶，水。出赵国襄国，东入湡	（赵国襄国）又有蓼水、冯水，皆东至朝平入湡	

表2　《〈水部〉与〈地理志〉河流简表》

郡名	县名	《水部》	《地理志》	今水名/治今地
京兆尹	南陵	浐，水。出京兆蓝田谷，入霸	沂水出蓝田谷，北至霸陵入霸水	浐滻河/陕西西安市东
			霸水亦出蓝田谷，北入渭	灞河/陕西西安市东
	杜陵	一曰："潏，水名。在京兆杜陵。"		
左冯翊	襄德	洛，水。出左冯翊归德北夷界中，东南入渭	洛水1：《禹贡》北条荆山在南，下有强梁原。洛水东南入渭，雍州㵢。莽曰德骥	北洛河/陕西大荔县东南
右扶风	鄠		酆水出东南	陕西西安市鄠邑区
		涝，水。出扶风鄠，北入渭	又有潏水，皆北过上林苑入渭	涝河/陕西西安市鄠邑区
	盩厔		灵轵渠	
	郿		成国渠，东北至上林入蒙笼渠	陕西扶风县西南
	漆	漆，水。出右扶风杜陵岐山，东入渭。一曰入洛	水在县西。有铁官。莽曰漆治	漆水河/陕西彬县
	杜阳		杜水南入渭	陕西麒游县西北
	汧	汧，水。出扶风汧县西北，入渭	汧水出西北，入渭	千河/陕西麒游县西北
			芮水出西北，东入泾	陕西咸阳市西北
	武功		斜水出衙领山北，至郿入渭	陕西咸阳市西北
			襄水亦出衙领，至南郑入沔	襄河

郡名	县名	《水部》	《地理志》	今水名 / 治今地
弘农郡	弘农		衡山领下谷，爛水所出，北入河	河南宝灵市北
	卢氏		熊耳山在东。伊水出，东北入雒，过郡一，行四百五十里	伊河 / 河南省西部
		渮，水。出弘农卢氏山，东南入海。从水，育声。或曰出郦山西	育水 1：又有育水，南至顺阳入沔	白河 / 河南省境内
			又有洱水，东南至鲁阳，亦入沔。皆过郡二，行六百里。莽曰昌富	河南南阳市
		汝，水。出弘农卢氏还归山，东入淮		北汝河 / 河南洛阳市
	黾池		穀水 1：穀水出穀阳谷，东北至穀城入雒。莽曰陕亭	河南渑池县西
	丹水		丹水 1：水出上雒冢领山，东至析入钧	丹河 / 河南淅川县
	新安	一曰涧，水。出弘农新安东南，入洛	涧水 1：《禹贡》涧水在东，南入雒	涧河 / 河南渑池县东
	析		黄水出黄谷	河南西峡县
			鞠水出析谷，俱东至郦入湍水	河南西峡县
	上雒		雒水 1：《禹贡》雒水出冢领山，东北至巩入河，过郡二，行千七十里，豫州川	陕西商洛市商州区
			又有甲水，出秦领山，东南至锡入沔，过郡三，行五百七十里。熊耳获舆山在东北	陕西商洛市商州区
河东郡	垣	沇，水。出河东东垣王屋山，东为泲	《禹贡》王屋山在东北，沇水所出，东南至武德入河，轶出荥阳北地中，又东至琅槐入海，过郡九，行千八百四十里	济河 / 河南济源

郡名	县名	《水部》	《地理志》	今水名/治今地
太原郡	晋阳		龙山在西北，有铁官。晋水所出，东入汾	山西太原市西南
	汾阳	汾，水。出太原晋阳山，西南入河。从水，分声。或曰出汾阳北山，冀州浸	北山，汾水所出，西南至汾阴入河，过郡二，行千三百四十里，冀州浸	汾河/山西静乐县西
	上艾		绵曼水，东至蒲吾，入虖池水	山西阳泉市
上党郡	长子	漳，浊漳，出上党长子鹿谷山，东入清漳	鹿谷山，浊漳水所出，东至邺入清漳	漳河/山西省中部
			桑钦言："绛水出西南，东入海。"	山西长治市屯留区西北
		涷，水。出发鸠山，入于河，从水，东声		浊漳水/山西长子县
	沾	清漳出沾山大要谷，北入河	大黾谷，清漳水所出，东北至邑成入大河，过郡五，行千六百八十里，冀州川	漳河/山西昔阳县西南
	涅氏		涅水也	赵河/山西武乡县西北
	壶关	沾，水。出壶关，东入淇	沾水东至朝歌入淇	沾水/山西长治市北
	泫氏		杨谷，绝水所出，南至壄王入沁	山西高平市
	高都		丹水2：莞谷，丹水所出，东南入泫水	山西晋城市
	穀远	沁，水。出上党羊头山，东南入河	羊头山世靡谷，沁水所出，东南至荥阳入河，过郡三，行九百七十里。莽曰穀近	沁河/山西晋城市
	潞	潞，冀州浸也。上党有潞县	川曰漳，浸曰汾、潞	浊漳河/山西长子县
河内郡	共	淇，水。出河内共北山，东入河，或曰出隆虑西山	北山，淇水所出，东至黎阳入河	淇河/山西陵川县
	隆虑		国水东北至信成入张甲河，过郡三，行千八百四十里。有铁官	河南林州市
	荡阴	荡，水。出河内荡阴，东入黄泽	荡水东至内黄泽	荡河/河南汤阴市
			西山，羑水所出，亦至内黄入荡	河南汤阴市

郡名	县名	《水部》	《地理志》	今水名/治今地
河南郡	荥阳		卞水在西南	索河/河南荥阳市东北
			有狼汤渠,首受沷,东南至陈入颍,过郡四,行七百八十里	鸿沟/河南荥阳市东北
	穀成		《禹贡》瀍水出谐亭北,东南入雒	河南洛阳市西北
	密	潩,水。出河南密县,东入颍	有大騩山,潩水所出,南至临颍入颍	清潩河/河南新密市东南
		溪,水。出河南密县大隗山,南入颍		
东郡	东武阳	湿,水。出东郡东武阳,入海。从水,㬐声。桑钦云:"出平原高唐。"	漯水1:禹治漯水,东北至千乘入海,过郡三,行千二十里。莽曰武昌	漯水/山东莘县南
陈留郡	陈留		鲁渠水首受狼汤渠,东至阳夏,入涡渠	河南开封市东南
	封丘	濮,水。出东郡濮阳,南入巨野	濮渠水首受沷,东北至都关,入羊里水,过郡三,行六百三十里	濮渠河/河南封丘县
	浚仪		睢水首受浪汤水,东至取虑入泗,过郡四,行千三百六十里	沮水/河南开封市
颍川郡	阳城	洧,水。出颍川阳城山,东南入颍	洧水1:阳城山,洧水所出,东南至长平入颍,过郡三,行五百里	河南登封市东南
		颍,水。出颍川阳城干山,东入淮。从水,顷声。豫州浸	阳干山,颍水所出,东至下蔡入淮,过郡三,行千五百里,荆州浸。有铁官	河南登封市东南
		滥,水。出颍川阳城少室山,东入颍		后河/河南登封市
汝南郡	定陵		高陵山,汝水出,东南至新蔡入淮,过郡四,行千三百四十里	南汝河
	弋阳	澺,水。出汝南弋阳垂山,东入淮		白露河/河南新县
	上蔡	澺,水。出汝南上蔡黑间涧,入汝		小洪河/河南漯河市郾城区
	新郪	泂,水。出汝南新郪,入颍		茨河/河南太康县
	吴房	灈,水。出汝南吴房,入澺		石洋河/河南遂平县

155

郡名	县名	《水部》	《地理志》	今水名/治今地
南阳郡	雉	澧，水。出南阳雉衡山，东入汝	衡山，沣水所出，东至郾入汝	澧河/河南南召县东南
	舞阴	灈，水。出南阳舞阳中阳山，入颍	中阴山，灈水所出，东至蔡入汝	灈水/河南泌阳县北
		潕，水。出南阳舞阳，东入颍		舞水/河南泌阳县
	郦		育水2：育水出西北，南入汉	河南南阳市西北
	平氏	淮，水。出南阳平氏桐柏大复山，东南入海	淮水1：《禹贡》桐柏大复山在东南，淮水所出，东南至淮浦入海。过郡四，行三千二百四十里，青州川。莽曰平善	淮河/河南桐柏县西北
	鲁阳	滍，水。出南阳鲁阳尧山，东北入汝	鲁山，滍水所出，东北至定陵入汝	沙河/河南鲁山县
			又有昆水，东南至定陵入汝	河南鲁山县
		激，水。出南阳鲁阳，入城父		激水/河南鲁山县
	蔡阳	涢，水。出南阳蔡阳，东入夏水		涢河/湖北随州市
南郡	临沮	南漳出南郡临沮	漳水1：《禹贡》南条荆山在东北，漳水所出，东至江陵入阳水，阳水入沔，行六百里	湖北远安县西北
			阳水入沔	湖北远安县西北
	华容		夏水首受江，东入沔，行五百里	湖北潜江市西南
	巫		夷水1：东至夷道入江，过郡二，行五百四十里。有铁官	重庆市巫山县北
	枝江		沱水2：江沱出西，东入江	湖北枝江市东北
	高成	澮，水。出南郡高城澮山，东入繇	澮山，澮水所出，东入繇	澮水/湖北宿松县南
			繇水南至华容入江，过郡二，行五百里。莽曰言程	湖北宿松县南
			庐江出陵阳东南，北入江	

郡名	县名	《水部》	《地理志》	今水名/治今地
庐江郡	雩娄	行流也，从水，从夬。庐江有决水，出于大别山	决水北至蓼入淮	河南商城县东
		灌，水。出庐江雩娄，北入淮	又有灌水，亦北至蓼入决，过郡二，行五百一十里	灌河/河南商城县东
		溲，水。出庐江入淮	淮水2：金兰西北有东陵乡，淮水出。属扬州	灌河/河南商城县
	灊		沘山，沘水所出，北至寿春入芍陂	安徽霍山县东北
山阳郡	湖陵	菏，菏泽水。在山阳胡陵。《禹贡》："浮于淮、泗，达于菏。"	《禹贡》："浮于泗、淮，通于河。"水在南。莽曰湖陆	菏水/山东菏泽市定陶区
	平乐	泡，水。出山阳平乐，东北入泗	包水东北至沛入泗	泡河/山东单县东
济阴郡	乘氏	泗，受沇水，东入淮	泗水1：泗水东南至睢陵入淮，过郡六，行千一百一十里	泗河/山东泗水县
沛郡	城父		夏肥水东南至下蔡入淮，过郡二，行六百二十里。莽曰思善	安徽亳州市东南
魏郡	馆陶		河水1：河水别出为屯氏河，东北至章武入海，过郡四，行千五百里	河北境内
	内黄		清河水出南	河北威县
	武始		漳水2：漳水东至邯郸入漳	河北邯郸市西南
			又有拘涧水，东北至邯郸入白渠	河北邯郸市西南
	武安	寖，水。出魏郡武安，东北入呼沱水	白渠水1：钦口山，白渠水所出，东至列人入漳	河北武安市西南
			又有窦水，东北至东昌入虖池河，过郡五，行六百一里，有铁官。莽曰桓安	洺河/河北武安市西南

郡名	县名	《水部》	《地理志》	今水名/治今地
常山郡	元氏	泜,水。在常山	泜水1:泜水首受中丘西山穷泉谷,东至堂阳入黄河。莽曰井关亭	北泜水/河北元氏县
	石邑	洨,水。出常山石邑井陉,东南入于泜。从水,交声。邺国有洨县	井陉山在西,洨水所出,东南至廮陶入泜	洨河/河北鹿泉市东南
	灵寿		中山桓公居此。《禹贡》卫水出东北,东入虖池	河北正定县
	蒲吾		大白渠水首受绵曼水,东南至下曲阳入斯洨	河北平山县东南
	上曲阳		恒山北谷在西北。有祠。并州山。《禹贡》恒水所出,东入滱。莽曰常山亭	河北曲阳县西
	房子	济,水。出常山房子赞皇山,东入泜	赞皇山,济水所出,东至廮陶入泜。莽曰多子	济河/河北高邑县西南
	中丘	渚,水。在常山中丘逢山,东入湡。从水,者声。《尔雅》曰:"小洲曰渚。"	逢山长谷,渚水所出,东至张邑入浊,莽曰直聚	渚河/河北内丘县西
	南行唐	一曰滋水。出牛饮山白陉谷,东入呼沱	牛饮山白陆谷,滋水所出,东至新市入虖池。都尉治。莽曰延亿	河北行唐县北
清河郡	灵		河水别出为鸣犊河,东北至蓨入屯氏河,莽曰播	山东高唐县南
	信成		张甲河首受屯氏别河,东北至蓨入漳水	河北清河县西北
涿郡	涿		桃水首受涞水,分东至安次入河	河北涿州市
	故安	濡,水。出涿郡故安,东入漆涞	易水1:阎乡,易水所出,东至范阳入濡也,并州寖,水亦至范阳入涞	主良河/河北易县东南
	良乡		垣水南东至阳乡入桃。莽曰广阳	北京市西南
勃海郡	成平		虖池河1:虖池河,民曰徒骇河。莽曰泽亭	河北泊头市北
平原郡	平原		有笃马河,东北入海,五百六十里	山东境内
	高唐		漯水2:桑钦言漯水所出	山东禹城市西

郡名	县名	《水部》	《地理志》	今水名/治今地
千乘郡	博昌		时水东北至巨定入马车渎,幽州浸	山东博兴县东南
泰山郡	盖	洙,水。出泰山盖临乐山,北入泗	临乐子山,洙水所出,西北至盖入池水	洙河/山东沂源县东南
		沂,水。出东海费东,西入泗。从水,斤声。一曰沂水出泰山盖,青州浸	沂水2:又沂水南至下邳入泗,过郡五,行六百里,青州浸	沂河/山东沂源县东南
	南武阳		治水1:冠石山,治水所出,南至下邳入泗,过郡二,行九百四十里。莽曰桓宣	山东平邑县
	莱芜		原山,甾水所出,东至博昌入泲,幽州浸	山东淄博市南
			又《禹贡》汶水出西南入泲,汶水,桑钦所言	山东淄博市南
齐郡	临淄		如水西北至梁邹入泲。有服官、铁官。莽曰齐陵	山东淄博市东
	昌国		德会水西北至西安入如	山东淄博市东南
	巨定		马车渎水首受巨定,东北至琅槐入海	山东广饶县北
	广	浊,水。出齐郡厉妫山,东北入巨定	为山,浊水所出,东北至广饶入巨定	北阳河/山东青州市西南
	临朐	洋,水。出齐临朐高山,东北入巨定	石膏山,洋水所出,东北至广饶入巨定。莽曰监朐	石河/山东青州市
北海郡	桑犊	溉,水。出东海桑渎覆甑山,东北入海。一曰灌注也	覆甑山,溉水所出,东北至都昌入海	东丹河/山东潍坊市南
东莱郡	腄		有之罘山祠。居上山,声洋水所出,东北入海	山东烟台市西南
	曲成	治,水。出东莱曲城阳丘山,南入海	治水2:阳丘山,治水所出,南至沂入海。有盐官	小沽河/山东招远市西

郡名	县名	《水部》	《地理志》	今水名 / 治今地
琅邪郡			丹水 3：凡山，丹水所出，东北至寿光入海	山东临朐县东南
	朱虚	汶，水。出琅邪朱虚东泰山，东入潍。从水，文声。桑钦说："汶水出泰山莱芜，西南入泲。"	汶水 2：东泰山，汶水所出，东至安丘入维	汶河 / 山东临朐县东南
		浯，水。出琅邪灵门壶山，东北入潍	壶山，浯水所出，东北入淮	浯河 / 山东安丘市南
	柜		根艾水东入海。莽曰祓同	山东胶州市南
	邞		胶水东至平度入海，莽曰纯德	山东胶州市西南
	横		故山，久台水所出，东南至东武入淮。莽曰令丘	山东诸城市东南
	东莞	沭，水。出青州浸	术水南至下邳入泗，过郡三，行七百一十里，青州寖	沭河 / 山东沂水县
	箕	潍，水。出琅邪箕屋山，东入海。徐州浸。《夏书》曰："潍、淄其道。"	《禹贡》潍水北至都昌入海，过郡三，行五百二十里，兖州寖也	潍河 / 山东莒县北
	椑		夜头水南至海，莽曰识命	山东莒县东南
	折泉		折泉水北至莫入淮	山东五莲县西北
东海郡	容丘		祠水东南至下邳入泗	山东邳州市北
临淮郡	淮浦		游水北入海。莽曰淮敬	江苏涟水县西
		凌，水。在临淮		凌水 / 江苏宿迁市

郡名	县名	《水部》	《地理志》	今水名/治今地
会稽郡	毗陵		江水1：江在北，东入海，扬州川	江苏苏州市
	余暨	潘，一曰水名，在河南荥阳	萧山，潘水所出，东入海。莽曰余衍	浙江杭州市萧山区
	上虞		柯水东入海。莽曰会稽	浙江绍兴市上虞区
	大末		穀水2：穀水东北至钱唐入江，莽曰末治	浙江龙游市
	句章		渠水1：渠水东入海	浙江余姚市东南
	鄞		有镇亭，有鮚埼亭。东南有天门水入海	浙江宁波鄞州区东南
	钱唐		武林山，武林水所出，东入海，行八百三十里。莽曰泉亭	浙江杭州市西
丹扬郡	宛陵	泠，水。出丹阳宛陵西，北入江	清水西北至芜湖入江。莽曰无宛	青弋江/安徽宣城市宣州区
	石城		分江水首受江，东至余姚入海，过郡二，行千二百里	安徽马鞍山市东南
	陵阳		淮水3：桑钦言淮水出东南，北入大江	安徽池州青阳县南
	芜湖		中江出西南，东至阳羡入海，扬州川	安徽芜湖市东
	黝	渐，水。出丹阳黟南蛮中，东入海浙，江。水东至会稽山阴为浙江	浙江水出南蛮夷中，东入海	钱塘江/安徽黟县东
	溧阳	溧，水。出丹阳溧阳县		永阳江/安徽芜湖
		漳，水。在丹阳		

郡名	县名	《水部》	《地理志》	今水名/治今地
豫章郡	鄱阳		鄱水西入湖汉。莽曰乡亭	江西鄱阳县东北
	余汗		余水在北，至鄡阳入湖汉。莽曰治干	江西余干县
	艾		修水东北至彭泽入湖汉，行六百六十里。莽曰治翰	江西修水县西
		溃，水。出豫章艾县，西入湘		汨水/江西修水县
	赣		豫章水出西南，北入大江	江西赣州市西
	南城		盱水西北至南昌入湖汉	江西临川市
	建成		蜀水东至南昌入湖汉。莽曰多聚	江西高安市
	宜春		南水东至新淦入湖汉	江西宜春市
	雩都		湖汉水东至彭泽入江，行千九百八十里	江西于都县北
	南壄		彭水东入湖汉	江西赣州市南康区西南
桂阳郡	郴		耒山，耒水所出，西南至湘南入湖	湖南郴州市
	临武	溱，水。出桂阳临武，入汇	秦水东南至浈阳入汇，行七百里。莽曰大武	溱水/湖南临武县
	耒阳		春山，春水所出，北至酃入湖，过郡二，行七百八十里。莽曰南平亭	湖南耒阳市
	桂阳	洭，水。出桂阳县卢聚，山洭浦关为桂水	汇水南至四会入郁。过郡二，行九百里	连江/广东连州市
	南平	深，水。出桂阳南平，西入营道		深水/湖南蓝山县

郡名	县名	《水部》	《地理志》	今水名/治今地
武陵郡	索		渐水东入沅	湖南常德市东北
	镡成		康谷水南入海	湖南靖州苗族侗族自治县南
		潭，水。出武陵镡成玉山，东入郁林	玉山，潭水所出，东至阿林入郁，过郡二，行七百二十里	柳江/湖南靖州苗族侗族自治县南
	无阳		无水首受故且兰，南入沅，八百九十里	湖南芷江侗族自治县东北
	辰阳		三山谷，辰水所出，南入沅，七百五十里。莽曰会亭	湖南辰溪县西南
	义陵		鄜梁山，序水所出，西入沅。莽曰建平	湖南溆浦县南
	充		酉原山，酉水所出，南至沅陵入沅，行千二百里	湖南桑植县
			历山，澧水所出，东至下隽入沅，过郡二，行一千二百里	湖南桑植县
	孱陵	油，水。出武陵孱陵西，东南入江		油水/湖北公安县
零陵郡	零陵	湘，水。出零陵阳海山，北入江	阳海山，湘水所出，北至酃入江，过郡二，行二千五百三十里	湘江/广西全州县西南
			离水1：又有离水，东南至广信入郁林，行九百八十里	广西全州县西南
	都梁	濆，……一曰水名	路山，资水所出，东北至益阳入沅，过郡二，行千八百里	湖南武冈市东北

郡名	县名	《水部》	《地理志》	今水名/治今地
汉中郡	旬阳		北山，旬水所出，南入沔	陕西旬阳市
	南郑		旱山，池水所出，东北入汉	陕西汉中市
	房陵		淮水4：淮山，淮水所出，东至中庐入沔，	湖北房县
			又有筑水，东至筑阳亦入沔	湖北房县
		沮，水。出汉中房陵，东入江	沮水2：东山，沮水所出，东至郢入江，行七百里	湖北房县
	安阳		鬻谷水出西南，北入汉，在谷水出北，南入汉	陕西城固县、洋县北部一带
广汉郡	梓潼	潼，水。出广汉梓潼北界，南入垫江	五妇山，驰水所出，南入涪，行五百五十里。莽曰子同	潼江水/四川松潘县
	雒		雒水2：章山，雒水所出，南至新都谷入湔。有工官。莽曰吾雒	四川广汉市北
	绵竹		紫严山，绵水所出，东至新都北入雒。都尉治	四川德阳市北
	甸氏道		白水出徼外，东至葭明入汉，过郡一，行九百五十里。莽曰致治	四川平武县北
	刚氏道	涪，水。出广汉刚邑道徼外，南入汉	涪水出徼外，南至垫江入汉，过郡二，行千六十九里	涪江/四川平武县

郡名	县名	《水部》	《地理志》	今水名/治今地
蜀郡			《禹贡》桓水出蜀山西南，行羌中，入南海。莽曰导江。属益州	
	郫	沱，江别流也。出嶓山东，别为沱	嶓山道江，东别为沱	沱江/四川成都市郫都区
	临邛		仆千水东至武阳入江，过郡二，行五百一十里。有铁官、盐官。莽曰监邛	四川邛崃市
	青衣	沫，水。出蜀西徼外，东南入江	《禹贡》蒙山溪，大渡水东南至南安入渽	大渡河/四川雅安市名山区北
	江原		鄦水首受江，南至武阳入江。莽曰邛原	四川崇州市东
	严道		邛来山，邛水所出，东入青衣。有木官，莽曰严治	四川荥经县
	绵虒	湔，水。出蜀郡绵虒玉垒山，东南入江	玉垒山，湔水所出，东南至江阳入江，过郡三，行千八百九十里	湔江/四川汶川县西南
	旄牛		鲜水出徼外，南入若水	四川汉源县南一带
			若水亦出徼外，南至大莋入绳，过郡二，行千六百里	四川汉源县南一带
	湔氐道	江，水。出蜀湔氐徼外嶓山，入海	江水2：《禹贡》嶓山在西徼外，江水所出，东南至江都入海，过郡七，行二千六百六十里	四川松潘县北
	汶江	渽，水。出蜀汶江徼外，东南入江	渽水出徼外，南至南安，东入江，过郡三，行三千四十里	青衣江/四川茂县北
			沱水2：江沱在西南，东入江	四川茂县北
犍为郡	符	温，水。出犍为涪，南入黔水	温水1：温水南至鳖入黚水，黚水南至鳖入江，莽曰浮信	湄江/四川合江县
	南广		汾关山，符黑水所出，北至僰道入江	四川筠连县
			又有大涉水，北至符入江，过郡三，行八百四十里	四川筠连县
	汉阳		山闿谷，汉水所出，东至鳖入延。莽曰新通	贵州威宁彝族回族苗族自治县

郡名	县名	《水部》	《地理志》	今水名/治今地
越巂郡	遂久	淹,水。出越巂徼外,东入若水	绳水出徼外,东至僰道入江,过郡二,行千四百里	金沙江/云南丽江玉龙纳西族自治县北部
	台登		孙水南至会无入若,行七百五十里	四川冕宁县南
	苏示		尼江在西北	四川西昌市北
	青蛉		仆水出徼外,东南至来惟入劳,过郡二,行千八百八十里	云南大姚县
益州郡	滇池	滇,益州池名	大泽在西,滇池泽在西北。有黑水祠	滇池/云南昆明
	铜濑		谈虏山,迷水所出,东至谈槀入温	云南曲靖市马龙区
	俞元		桥水1:池在南,桥水所出,东至毋单入温,行千九百里	云南澄江县北
	收靡	涂,水。出益州牧靡南山,西北入滇	南山腊谷,涂水所出,西北至越巂入绳,过郡二,行千二十里	牛栏江/云南寻甸回族彝族自治县北
	秦臧		牛兰山,即水所出,南至双柏入仆,行八百二十里	云南禄丰市东部一带
	叶榆		叶榆泽在东。贪水首受青蛉,南至邪龙入仆,行五百里	云南大理市北
	巂唐		周水首受徼外	云南保山市与云龙、永平县交界外一带
			又有类水,西南至不韦,行六百五十里	云南保山市与云龙、永平县交界外一带
	弄栋		东农山,毋血水出,北至三绛南入绳,行五百一十里	云南姚安县北
	毋棳		桥水2:桥水首受桥山,东至中留入潭,过郡四,行三千一百二十里。莽曰有棳	云南华宁县南部
	胜休		河水3:河水东至毋棳入桥。莽曰胜僰	云南玉溪市江川区北部一带
	来唯		劳水出徼外,东至麋泠入南海,过郡三,行三千五百六十里	越南莱州南

郡名	县名	《水部》	《地理志》	今水名 / 治今地
牂柯郡	故且兰	沅，水。出牂柯故且兰，东北入江	沅水东南至益阳入江，过郡二，行二千五百三十里	沅江 / 贵州福泉市
	镡封		温水 2：温水东至广郁入郁，过郡二，行五百六十里	云南砚山县西北与文山市交界外一带
	鄨		不狼山，鄨水所出，东入沅，过郡二，行七百三十里	贵州遵义市西
	毋敛		刚水东至潭中入潭，莽曰有敛	贵州独山县北
	夜郎		豚水东至广郁。都尉治。莽曰同亭	贵州关岭布依族苗族自治县西部一带
	西随		麋水西受徼外，东至麋泠入尚龙溪，过郡二，行千一百六里	云南云阳县东南一带
	都梦		壶水东南至麋泠入尚龙溪，过郡二，行千一百六十里	盘龙河 / 云南文山壮族苗族自治州
	句町		文象水东至增食入郁。又有卢唯水、来细水、伐水。莽曰从化	云南广南县西北
巴郡	朐忍		容毋水所出，南入江。有橘官、盐官	重庆云阳县西
	宕渠	潛，水。出巴郡宕渠，西南入江	潜水西南入江	渠河 / 四川渠县东北
			不曹水出东北徐谷，南入潛	四川渠县东北
武都郡	武都		东汉水受氐道水，一名沔，过江夏，谓之夏水，入江	甘肃礼县南
			天池大泽在县西。莽曰循虏	
	河池		泉街水南至沮入汉，行五百二十里。莽曰乐平亭	甘肃徽县西北
	沮	沔，水。出武都沮县东狼谷，东南入江，或曰入夏水	沮水 3：沮水出东狼谷，南至沙羡南入江，过郡五，行四千里，荆州川	沮水河 / 陕西略阳县东

续 表

郡名	县名	《水部》	《地理志》	今水名/治今地
陇西郡	氐道	漾，水。出陇西相道，东至武都为汉。从水，羕声。古文从养	《禹贡》养水所出，至武都为汉。莽曰亭道	西汉水/甘肃武山县、岷县及礼县交界处一带
	首阳	渭，水。出陇西首阳渭首亭南谷，东入河。从水，胃声。杜林说《夏书》以为出鸟鼠山，雝州浸也	《禹贡》鸟鼠同穴山在西南，渭水所出，东至船司空入河，过郡四，行千八百七十里，雍州寖	渭河/甘肃渭源县北
	羌道		羌水出塞外，南至阴平入白水，过郡三，行六百里	甘肃舟曲县与宕昌县交界处一带
	临洮	洮，水。出陇西临洮，东北入河	洮水出西羌中，北至枹罕东入河	洮河/甘肃岷县
	西		《禹贡》嶓冢山，西汉所出，南入广汉白水，东南至江州入江，过郡四，行二千七百六十里。莽曰西治	甘肃礼县北
金城郡	允吾		乌亭逆水出参街谷，东至枝阳入湟。莽曰修远	甘肃永靖县西北
	浩亹		浩亹水出西塞外，东至允吾入湟水。莽曰兴武	甘肃永登县西南
	令居		涧水2：涧水出西北塞外，至县西南，入郑伯津。莽曰罕虏	甘肃永登县西
	白石		离水2：离水出西塞外，东至枹罕入河。莽曰顺砾。莽曰顺砾	甘肃临夏县西南
	河关	河，水。出焞煌塞外昆仑山，发原注海	河水4：积石山在西南羌中。河水行塞外，东北入塞内，至章武入海，过郡十六，行九千四百里	青海同仁市北
	临羌	湟，水。出金城临羌塞外，东入河	西北至塞外，有西王母石室、僊海、盐池。北则湟水所出，东至允吾入河	湟水/青海湟源县东南
武威郡	姑臧		南山，谷水所出，北至武威入海，行七百九十里	甘肃武威市
	苍松		南山，松陕水所出，北至揟次入海。莽曰射楚	甘肃武威市东南

郡名	县名	《水部》	《地理志》	今水名/治今地
张掖郡	觻得		千金渠西至乐涫入泽中	甘肃张掖市西北
			羌谷水出羌中，东北至居延入海，过郡二，行二千一百里。莽曰官式	甘肃张掖市西北
	删丹	溺，水。自张掖删丹，西至酒泉合黎，余波入于流沙。从水，弱声，桑钦所说	桑钦以为道弱水自此，西至酒泉合黎。莽曰贯虏	山丹河/甘肃山丹县
	居延		居延泽在东北，古文以为流沙。都尉治。莽曰居成	
酒泉郡	禄福		呼蚕水出南羌中，东北至会水入羌谷。莽曰显德	甘肃酒泉市
敦煌郡	冥安		南籍端水出南羌中，西北入其泽，溉民田	甘肃瓜州县东南
	龙勒		有阳关、玉门关，皆都尉治。氐置水出南羌中，东北入泽，溉民田	甘肃敦煌市西南
安定郡	泾阳	泾，水。出安定泾阳开头山，东南入渭，雍州之川也	开头山在西，《禹贡》泾水所出，东南至阳陵入渭，过郡三，行千六十里，雍州川	泾河/甘肃平凉市西北
	卤		濯水出西	
	朐卷		河水5：河水别出为河沟，东至富平北入河	宁夏中宁县东北一带
北地郡	直路	沮，水。出北地直路西，东入洛	沮水4：沮水出西，东入洛	陕西富县西
	归德		洛水2：洛水出北蛮夷中，入河。有堵苑、白马苑	陕西吴起县西北
	郁郅	泥，水。出北地郁郅北蛮中	泥水1：泥水出北蛮夷中。有牧师菀官。莽曰功著	柔远河/甘肃庆阳市
上郡	白土		圜水出西，东入河。莽曰黄土	陕西神木市西
	高奴		洧水2：有洧水，可㸐。莽曰利平	陕西延安市北

郡名	县名	《水部》	《地理志》	今水名/治今地
朔方郡	朔方		金连盐泽、青盐泽皆在南。莽曰武符	
	窳浑		有道西北出鸡鹿塞。屠申泽在东。莽曰极武	
定襄郡	武进		白渠水2：白渠水出塞外，西至沙陵入河。西部都尉治。莽曰伐蛮	内蒙古和林格尔县东北
	武皋		荒干水出塞外，西至沙陵入河。中部都尉治。莽曰永武	内蒙古卓资县西北
雁门郡	阴馆	灅，水。出雁门阴馆累头山，东入海，或曰治水也	治水3：累头山，治水所出，东至泉州入海，过郡六，行千一百里。莽曰富代	山西朔州市东南
	强阴		诸闻泽在东北。莽曰伏阴	
		㴲，水。起雁门葰人戍夫山，东北入海		滹沱河/山西忻州市
代郡	且如		于延水出塞外，东至宁入沽。中部都尉治	内蒙兴和县西北
	平舒		祁夷水北至桑干入沽。莽曰平葆	山西广灵县西
	灵丘	滱，水。起北地灵丘，东入河。从水，寇声。滱水即沤夷水，并州川水	滱河东至文安入大河，过郡五，行九百四十里。并州川	唐河/河北定州市
	广昌	涞，水。起北地广昌，东入河。从水，来声。并州浸	涞水东南至容城入河，过郡三，行五百里。并州窳。莽曰广屏	拒马河/河北涞源县
	卤城		虖池河2：虖池河东至参户入虖池别，过郡九，行千三百四十里，并州川。从河东至文安入海。过郡六，行千三百七十里。莽曰鲁盾	山西繁峙县东北
上谷郡	军都		温余水东至路，南入沽	北京昌平区南
	且居		阳乐水出东，南入沽。莽曰久居	河北怀来县西
渔阳郡	渔阳	沽，水。出渔阳塞外，东入海	沽水出塞外，东南至泉州入海，行七百五十里，有铁官。莽曰得渔	白河/河北沽源县
	白檀		洫水出北蛮夷	河北滦平县北

郡名	县名	《水部》	《地理志》	今水名／治今地
右北平郡	无终		浭水西至雍奴入海，过郡二，行六百五十里	天津市蓟州区
	俊靡	灅，水。出右北平浚靡，东南入庚	灅水南至无终东入庚。莽曰俊麻	沙河／河北遵化市西北
	字		榆水出东	河北平泉市北一带
辽西郡	海阳		龙鲜水东入封大水。封大水、缓虚水皆南入海。有盐官	河北滦州市西南
	柳城		马首山在西南。参柳水北入海。西部都尉治	辽宁朝阳市西南
	肥如		玄水东入濡水。濡水南入海阳	河北卢龙县北
			卢水1：又有卢水，南入玄。莽曰肥而	河北卢龙县北
	交黎		渝水1：渝水首受塞外，南入海。东部都尉治。莽曰禽虏	辽宁义县
	狐苏		唐就水至徒河入海	辽宁朝阳市东南
	临渝	一曰渝水，在辽西临俞，东出塞	渝水2：渝水首受白狼，东入塞外	辽宁朝阳市东
			又有侯水，北入渝。莽曰冯德	辽宁朝阳市东
	絫		下官水南入海。又有揭石水、宾水，皆南入官。莽曰选武	河北昌黎县南
辽东郡	望平		大辽水出塞外，南至安市入海，行千二百五十里。莽曰长说	辽宁新民市南
	辽阳		大梁水西南至辽阳入辽。莽曰辽阴	辽宁沈阳市辽中区东
	居就		室伪山，室伪水所出，北至襄平入梁也	辽宁辽阳县东南
	番汗	沛，水。出辽东番汗塞外，西南入海	沛水出塞外，西南入海	大宁江／朝鲜

郡名	县名	《水部》	《地理志》	今水名／治今地
玄菟郡	高句骊		辽山，辽水所出，西南至辽队入大辽水	辽宁新宾满族自治县
			又有南苏水，西北经塞外	辽宁新宾满族自治县
	西盖马		马訾水西北入盐难水，西南至西安平入海，过郡二，行二千一百里。莽曰玄菟亭	朝鲜磁江道古丰、三乐里一带
乐浪郡	浿水	浿，水。出乐浪镂方，东入海。从水，贝声，一曰出浿水县	水西至增地入海。莽曰乐鲜亭	大同江／朝鲜慈江道熙川以东一带
	含资		带水西至带方入海	朝鲜黄海北道瑞兴郡
	吞列		分黎山，列水所出，西至黏蝉入海，行八百二十里	朝鲜平安南道松山里一带
郁林郡	广郁		郁水首受夜郎豚水，东至四会入海，过郡四，行四千三十里	广西田林、乐业与贵州册亨县交界处一带
	临尘		朱涯水入领方	广西崇左市
			又有斤南水	广西崇左市
			又有侵离水，行七百里。莽曰监尘	广西崇左市
	定周		周水首受无敛，东入潭，行七百九十里	广西河池市宜州区
	增食		骥水首受牂柯东界，入朱涯水，行五百七十里	广西隆安县东一带
	领方		斤南水入郁	广西宾阳县西南
			又有㠛水。都尉治	广西宾阳县西南
		潕，水。出郁林郡		
苍梧郡	猛陵		龙山，合水所出，南至布山入海。莽曰孟陆	广西苍梧县西
合浦郡	临允		牢水北入高要入郁，过郡三，行五百三十里。莽曰大允	广东新兴县南

郡名	县名	《水部》	《地理志》	今水名/治今地
赵国	邯郸		堵山，牛首水所出，东入白渠。赵敬侯自中牟徙此	河北邯郸市
	襄国	湡，水。出赵国襄国之西山，东北入寖	渠水2：西山，渠水所出，东北至任入寝	野河/河北邢台市
		澌，水。出赵国襄国，东入湡	又有蓼水、冯水，皆东至朝平入湡	河北邢台市
广平国	南和		列葭水东入澌	河北境内
真定国	绵曼		斯洨水首受太白渠，东至鄡入河。莽曰绵延	河北鹿泉市北
中山国	北平		徐水东至高阳入博	河北保定市满城区北
			卢水2：又有卢水，亦至高阳入河。有铁官。莽曰善和	河北保定市满城区北
	北新成		易水2：桑钦言易水出西北，东入滱。莽曰朔平	河北保定市徐水区西
	曲逆	濡，水。出涿郡故安，东入漆涑	蒲阳山，蒲水所出，东入濡	河北顺平县东南
			又有苏水，亦东入濡。莽曰顺平	河北顺平县东南
	望都		博水东至高阳入河。莽曰顺调	河北保定市西北
信都国	信都		故章河、故虖池皆在北，东入海	河北衡水市冀州区
			《禹贡》绛水亦入海。莽曰新博亭	河北衡水市冀州区
河间国	乐成		虖池别水2：虖池别水首受虖池河，东至东光入虖池河。莽曰陆信	河北献县东南
菑川国	剧		义山，蕤水所出，北至寿光入海。莽曰俞	山东寿光市南
	东安平		菟头山，女水出，东北至临菑入巨定	山东淄博市东
淮阳国	扶沟	涡，水。受淮阳扶沟浪汤渠，东入淮	涡水首受狼汤渠，东至向入淮，过郡三，行千里	涡河/河南郸城县东

郡名	县名	《水部》	《地理志》	今水名／治今地
梁国	蒙	汳，水。受陈留浚仪阴沟，至蒙为雕水，东入于泗	获水首受甾获渠，东北至彭城入泗，过郡五，行五百五十里	汴河／河南商丘市北
鲁国	卞		泗水2：泗水西南至方与入沛，过郡三，行五百里，青州川	山东泗水县东
	蕃		南梁水西至胡陵入沛渠	山东滕州市
		漷，水在鲁		漷河／山东枣庄
		净，鲁北城门池也		
广陵国	江都		渠水3：有江水祠。渠水首受江，北至射阳入湖	江苏扬州邗江区西南
六安国			如溪水首受沘，东北至寿春入芍陂	安徽六安市
长沙国	茶陵		泥水2：泥水西入湘，行七百里。莽曰声乡	湖南茶陵县东北
	安成		庐水东至庐陵入湖汉。莽曰思成	江西安福县西
		汨，长沙汨罗渊，屈原所沈之		汨水／江西修水县
郑国		潧，水，出郑国，从水，曾声。《诗》曰："潧与洧方涣涣兮。"		
		汎，西极之水也。从水，八声。《尔雅》曰："西至汎国谓四极。"		
		渤，泽，在昆仑下，从水，幼声，读与幽同		罗布泊
		湞，水。出南海龙川，西入溱		翁江／广东龙川县
		泄，水。受九江博安洵波，北入氏		汲水／安徽金寨县
		泺，齐鲁间水也，从水，乐声。《春秋传》曰："公会齐侯于泺。"		泺河／山东济南市历城区

郡名	县名	《水部》	《地理志》	今水名/治今地
		洹，水。在齐鲁间		安阳河/河南林州市
		灉，河。灉水在宋		灉河/河南开封市祥符区
		澶，澶渊水在宋		澶渊水/河南濮阳市
		濮，北方水也		
		湳，西河美稷保东北水		
		㶏，水。出西河中阳，北沙南入河		
		湴，河津也。在西河西		
		濊，水也		
		洵，过水中也		
		浍，水。出北嚣山，入邙泽		
		沏，水也		
		渲，水也		
		溇，水也		
		湨，水也		
		濼，水也		
		沇，水也		
		泗，水也		
		渫，水也		
		湞，水也		
		瀧，水也		
		洇，水也		

郡名	县名	《水部》	《地理志》	今水名/治今地
		汝，水也		
		汧，水也		
		湣，水也。从水，臣声。《诗》曰："江有湣。"		
		澥，郣澥海之别也。从水，解声。一说澥即澥谷也		
		楚东有沙水		
		一曰有湫水在周地。《春秋传》曰："晏子之宅，秋隘安定朝那有湫泉。"		
		一曰汉水为潜	沱、灊既道，云梦土作乂	
		汉，漾也。东为沧浪水	嶓冢道漾，东流为汉，又东为沧浪之水	
		浪，沧浪水也。南入江	又东为沧浪之水，过三澨，至于大别，南入于江	沧浪水/陕西汉中市
		沇，沇也。东入于海	沇、河惟兖州	济河/河南济源
			浮于沇、漯，通于河	
		澨，水。在汉南，从水，差声。荆州浸也。《春秋传》曰："修涂梁澨。"	川曰荥、雒，㲼曰波、溠	溠水/湖北随县
		《夏书》曰："过三澨。"	又东为沧浪之水，过三澨，至于大别，南入于江	
		一曰湛水，豫章浸	正南曰荆州，其山曰衡，薮曰云梦，川曰江汉，寖曰颍、湛